U0631201

校园篮球课程教学方法改革与运用研究

李　韬　著

北京工业大学出版社

图书在版编目（CIP）数据

校园篮球课程教学方法改革与运用研究 / 李韬著
. — 北京 ： 北京工业大学出版社，2020.12（2021.10 重印）
ISBN 978-7-5639-7755-0

Ⅰ．①校… Ⅱ．①李… Ⅲ．①青少年－篮球运动－体
育教学－教学改革－研究 Ⅳ．① G841

中国版本图书馆 CIP 数据核字（2020）第 248389 号

校园篮球课程教学方法改革与运用研究
XIAOYUAN LANQIU KECHENG JIAOXUE FANGFA GAIGE YU YUNYONG YANJIU

著　　者：李　韬
责任编辑：任军锋
封面设计：点墨轩阁
出版发行：北京工业大学出版社
　　　　　　（北京市朝阳区平乐园 100 号　邮编：100124）
　　　　　　010-67391722（传真）　bgdcbs@sina.com
经销单位：全国各地新华书店
承印单位：三河市嵩川印刷有限公司
开　　本：710 毫米 ×1000 毫米　1/16
印　　张：9.75
字　　数：195 千字
版　　次：2020 年 12 月第 1 版
印　　次：2021 年 10 月第 2 次印刷
标准书号：ISBN 978-7-5639-7755-0
定　　价：52.00 元

前　言

近年来，我国青少年体质持续下降，体育教学改革过程中存在很多突出的问题。针对这种状况，国家通过出台《中共中央 国务院关于加强青少年体育增强青少年体质的意见》《国务院办公厅关于强化学校体育促进学生身心健康全面发展的意见》等政策文件、举办"阳光体育活动""校园足球"等体育活动来应对。2016 年 8 月，《教育部办公厅关于校园篮球推进试点工作的通知》，将一些省（市）作为校园篮球推进试点地区，以全面普及与推广校园篮球。开展校园篮球活动，应将开设校园篮球课程、组织篮球教学作为主体形式，辅之课余篮球活动、篮球竞赛等活动形式。开设校园篮球课程教学不仅要紧密结合当前校园篮球开展的现状，还要从各校实际情况入手，因地制宜，稳步推进校园篮球活动向前发展。

校园篮球课程教学质量的好坏，直接影响篮球人才培养目标的实现。而教学方法是教学过程整体结构中的重要组成部分，是实现篮球教学目标的重要途径和手段，只有解决方法问题，才能高质量地完成教学任务。近些年来，体育教育工作者逐渐意识到教学方法在教学过程中的独特地位和作用，纷纷对其进行研究与探索，虽然取得了一定的成绩，但总体而言教学方法依然较为传统单一，缺乏创新，能够激发学生学习兴趣、提高教学效率的创新性教学方法较少，因此还需进一步深入改革研究。此外，随着《教育部办公厅关于校园篮球推进试点工作的通知》的下发，校园篮球进入了新的发展时期。如何在新时期下，用"体教结合"的体育观念，深化改革，形成科学完备、可持续发展的校园篮球后备人才培养体制，以推动我国篮球运动的发展，是我们要进一步研究的课题。鉴于此，作者在查阅大量相关著作文献的基础上，精心撰写了本书。

本书共六章，首先对我国校园篮球课程教学方法的理论及其现状进行审视，以形成对篮球与校园篮球的初步认识，为后面的研究奠定基础。校园篮球课程的开展与实施离不开科学方法的指导，构建与完善篮球课程教学方法体系能够为落实篮球教学工作提供有效指导与基础保障。其次，重点探讨了校园篮球课程教学中学生学习行为与方法指导，因为篮球教学方法不仅包括教师"教"的方法，还包括学生"学"的方法，学生的学习具有自主性，学生要在教师的指导下充分发挥主观能动性，养成良好的学习习惯，用最适合自己的方法取得最大的学习成果。随后，对校园篮球课程体能教学方法、技术教学方法、战术教学方法以及智能教学方法等进行了重点分析与研究。这部分是本书的重点内容，旨在为校园篮球课程教学方法的改革与创新提供思路与建议，将更多更新的方法引入篮球课堂中，激发学生的学习兴趣与积极性，提高教学质量与效率。

总之，本书着重研究我国校园篮球课程教学的开展以及教学方法的创新，并在与当前实际情况紧密结合的前提下提出切合实际且具有可操作性的改革意见和建议。作者期望本书能够为推动新时期我国校园篮球试点工作的顺利进行，提高校园篮球课程的教学效果，以及为我国培养更多优秀的篮球后备人才做出一份贡献。

在本书的撰写过程中，作者不仅参阅、引用了很多国内外相关文献资料，而且得到了同事亲朋的鼎力相助，在此衷心表示感谢。由于作者水平有限，书中难免有疏漏之处，恳请读者批评指正。

目　录

第一章　我国校园篮球课程教学方法现状与优化路径 …………………… 1

　　第一节　校园篮球课程教学方法概述 …………………………………… 1

　　第二节　我国校园篮球课程教学方法现状审视 ………………………… 7

　　第三节　我国校园篮球课程教学方法优化策略 ……………………… 12

第二章　校园篮球课程教学中学生学习行为与方法指导 ……………… 39

　　第一节　篮球课程教学中学生学习行为及其科学培养 ……………… 39

　　第二节　不同年龄段学生的体育学习方法及其科学指导 …………… 48

　　第三节　校园篮球课程教学中学生学习方法的新尝试 ……………… 50

第三章　校园篮球课程体能教学方法改革与运用研究 ………………… 53

　　第一节　篮球运动体能训练相关理论阐析 …………………………… 53

　　第二节　青少年篮球运动员体能训练存在的问题 …………………… 59

　　第三节　校园篮球课程教学中体能训练方法改革与运用 …………… 61

第四章　校园篮球课程技术教学方法改革与运用研究 ………………… 67

　　第一节　篮球技术相关理论阐析 ……………………………………… 67

　　第二节　新形势下校园篮球技术课程教学现状分析 ………………… 76

　　第三节　校园篮球课程中技术教学方法改革与运用 ………………… 78

第五章　校园篮球课程战术教学方法理论与应用研究 ………………… 97

　　第一节　篮球战术相关理论阐析 ……………………………………… 97

　　第二节　篮球战术意识及其培养策略 ………………………………… 106

　　第三节　校园篮球课程教学中战术训练新方法的应用 ……………… 109

第六章　校园篮球课程中智能教学方法理论研究 ……………………… 115

　　第一节　篮球运动员心智能力相关理论阐析 ……………………… 115

　　第二节　篮球运动员心理能力训练内容与方法 …………………… 126

　　第三节　篮球运动员智能训练理论与方法 ………………………… 140

参考文献……………………………………………………………………… 145

第一章 我国校园篮球课程教学方法现状与优化路径

篮球运动既是一项集体运动，又是一项综合运动，具有集体性、对抗性、时空性、综合性等特点，深受世界各国人民的喜爱，是世界上单项体育受众最多的运动项目之一。篮球运动从产生之时起，就逐渐形成了特有的篮球文化现象，而且这项运动在学校中盛行后，更是形成了独特的校园篮球文化。篮球运动进入校园，对学生各方面素质的培养具有重大意义。

教学方法是校园篮球课程教学的重要组成部分之一，只有采用正确的教学方法，才能保证校园篮球课程教学的顺利进行，并使"健康第一"和"终身体育"的指导思想真正得到落实。随着体育教学改革的不断深入，体育教学实践中相继出现了许多新的教学方法，如自主学习法、探究学习法、合作学习法等。但由于认识上的不足，新体育教学方法在体育项目的具体教学中并未得到有效的实施，这在很大程度上制约了校园篮球课程的教学效果。在新的时代背景下，如何创造新的体育教学方法，并充分运用与有效实施这些教学方法，是体育教育工作者需要认真思考的重要问题。本章主要阐述与分析校园篮球课程教学方法的基本理论、基本现状以及优化策略。

第一节 校园篮球课程教学方法概述

一、教学方法的基本理论阐析

（一）教学方法的概念界定

有学者提出，"方法是一种现实掌握方式，根据被研究对象的运动规律，从实践与理论两方面开展，代指研究、认识的途径或手段"。在《教学论原理》一书中，佐藤正夫针对"方法"本质做出了如下阐述：①方法即以目标实现为目的的手段；②方法是被客体的限制影响同时为客体适宜的操作系列，换而言之，方法被内容制约；③理论是方法的基础，方法要在理论指导下进行；④方法具有指令性，是规则组成的体系；⑤方法具有结构，是有计划性的系列行为或操作构成的体系。任何教学活动都离不开教学方法，一直以来，有关教学方法界定的争议一直存在。其中的代表性观点如下。

著名学者休金娜则认为教学方法代表了师生共同活动的方法，以教学任务的解决为目的。不同的教学方法都有若干构成元素，这种构成元素也被称为方式。我国著名教育家王策三认为教学方法是以教学目的、教学内容实现为目标，通过采用教学手段而进行的，在教学原则指导之下由系统化方式构成的，师生之间互相作用的活动。李秉德老先生认为教学方法是在教学过程中，教师和学生为实现教学目的、完成教学任务而采取的教与学相互作用的活动方式的总称。总结来说，校园篮球教学方法是一种具有知识化和对策性的程序，是由师生密切配合、相互协作实施的，目的和意义在于对教学目标的完成。教学方法包含教师"教"的方法、学生"学"的方法两方面，是教与学的统一体。

（二）教学方法的发展特点

随着科技进步、社会发展以及教育的改革创新，教学方法的重心有了转移，开始从重教转向重学，这是教学方法的鲜明发展特点，体现出了教育的时代进步性。

1. 教学方法观的发展演变

文艺复兴之后，人类的价值观从强调"身性"转为强调"人性"，之后又开始注重儿童本位。受其影响，教学理念也发生了质的改变，从围绕"神学"展开转变为围绕"儿童"展开。之后科学技术开始了质的发展与普及应用，工业生产逐渐扩大，同工业生产相适应的现代学校产生并得到了迅猛发展。为适应工业生产需求，教育教学将目标转移到使儿童学习知识技能，并掌握作为工厂工人所必须拥有的科学基础知识与基础生产技能，这是由社会经济价值取向决定的。在这一教育阶段，因为作为成人的教师代表了社会，教师自然变为教育教学中心。教育教学的关注点仅仅在知识、技能的获得上，强调物质享受手段问题，忽视了受教者思想道德、理想信仰等精神教育问题，导致接受了学校教育的自然人发展畸形，成为"单面"人。面对这一问题，教育教学开始转移中心，由成人转向受教儿童。儿童处于发展状态，其潜能有着无限性，教学的根本目的在于将儿童潜能激发出来并转化为现实。陶行知老先生提出，将过去的教授法转变为更加适合现代社会的教学法，并普及沿用到现在。这种改变虽然对社会和个体的发展极为重要，但在改变名称术语的同时，却未能真正做到以"教"为中心。直到20世纪80年代，西方儿童本位教育观在我国得到了广泛传播，对传统教学方法观的审视得到了重视，社会各界明确并批判了其中的弊端，开始从理论层面上关注、提倡以"学"为中心的教学方法。

2. 教学方法、内容、目标的关系

学生的学习过程从本质上看是将教学内容内化到其成长发展中的过程，这个过程是由外到内逐渐实现的，并不会自动完成，必须有一定教学方法作为辅助。各种教学内容是将学生放在学习主体地位，根据其身心发展水平确定的。各个发展阶段的学生各自需要学习的内容不尽相同。教学方法的选择是按照学生学习规律来实现的，因而可以说，按照学生学习规律作为参照而进行的教学内容的选择，也是一种教学方法的选择。因此，在大多数情况下，教学内容对教学方法起着决定作用。反过来，教学方法处于被决定地位，但也并非完全被动，教学方法对教学内容有着突出而重要的反作用。

此外，必须认识到，在教学体系中，教学方法并不是只和内容之间存在线性关系，因此，对教学方法创新发展的思考仅关注内容（学科）同教学方法的关系是片面的，必须站在教学体系整体上，从其各自不同要素之间相互作用关系角度上分析教学方法，相对比来说，"目标"同教学方法之间的关系十分重要。所有教育现象都是由教育的目标、内容、方法及其之间的相互关系体现出来的。目标是所有教育现象和教学过程能够产生和最终形成的出发点。教学方法概念的出发点，并非内容范畴，而是目标范畴。内容从本质上看仅是为目标实现而服务的素材，目标对内容有着制约作用，目标与内容的关系制约着方法，目标－内容－方法体系是以目标为出发点最终形成的，而教育教学的过程则是由此体系构建而成的。方法、内容、目标三者的关系呈现出一种网络结构，具有多向化和多样性：不同教育教学内容、方法能够实现相同目标，相同教育教学内容、方法也能够实现不同目标。

因此，教育教学的目标、内容与方法三者中，方法受目标、内容的制约，由目标、内容二者的相互关系所决定；同时对于教育教学的内容、目标来说，方法则仅仅是其实现过程中的待选择工具。

（三）教学方法分类

教学方法分类，就是将教育历史发展过程中通过理论研究与教学实践创造产生的诸多教学方法，按照各自共同特点，做出划分归属，并根据其不同的特点，把它们彼此区分开来。对教学方法进行分类，旨在能够更好地分析与认识、明确并把握其各自特点、作用范围与作用条件，以及各自的运行和发展规律。分类原则的差异会导致不同分类标准的出现，本章中，主要探讨的是传统教学分类方法。传统的分类标准延续了过去教学方法普遍采用的分类方式，主要包括如下几种。

第一，以教师教的活动以及学生学的活动为标准的分类。这种分类方式是最基本和简单的，从这种分类标准出发，教学方法包括讲授法与学习法两种。前者包括讲授、演示、谈话等；后者包括练习、实习、作业等。显而易见，这种分类方式过于片面地将教与学的活动割裂开来，对教学方法的选择及运用并没有益处。

第二，以学生知识掌握程度为标准的分类。我国教育专家商继宗先生对国外教学方法的分类进行了深入研究，发现了以学生知识掌握程度为标准划分教学方法类型的方式，根据标准将教学方法划分成三种程度：首先是使学生掌握信息；其次是使学生具有知识的实践应用技巧；最后是使学生善于开展、成功实施探究创造性活动。此种分类方法将不同教学方法设置的目标作为参照，使现代教学方法分类过程中基础较为模糊的问题得到了有效解决，同时，使现代教学方法的追求目标及发展趋势有了较为清晰的界定，能够在很大程度上帮助教育工作者学习及掌握现代教学方法的精华。

第三，以教学活动外部形态及学生认识特点结合为标准的分类。在我国，一部分教育学专家和学者依照教学活动外部形态及学生认识特点为标准，提出了五种教学方法的分类，分别为"言语信息为主的方法（谈话、读书、讲授等）、实践训练为主的方法（实验、练习、作业等）、情感感知为主的方法（参观、演示等）、探究为主的方法（探究法等），以及欣赏为主的方法（欣赏法等）"。这种分类方法兼顾了教师与学生教学活动的协同发展。

第四，以教学活动过程为标准的分类。著名教育学专家巴班斯基提出，以教学活动过程为标准，教学方法可以被分为三大类：第一类为组织认识活动的方法，包括认识法、逻辑法、知觉法以及控制学习的方法；第二类为刺激和形成学习动机的方法，包括刺激学生产生学习兴趣、学习责任感、学习欲望的方法；第三类为检查的方法，包括书面检查法、口述检查法和实践操作检查法。

第五，随教学改革而产生的各类综合性的新的教学方法。这些新的教学方法主要包括学导式教学法、掌握学习教学法、暗示教学法、尝试教学法、"先行组织者"教学法、范例教学法、"纲要信号"图示教学法、问题教学法、程序教学法、发现教学法、"读读、议议、练练、讲讲"八字教学法、自学辅导教学法、探究－研讨教学法等内容。上述新的教学方法都是在相关教学思想的基础上诞生并发展起来的，部分方法在其发展过程中已经形成个性化的教学原则和手段，构建出了相对完整的教学组织形式与环节，甚至已经形成了方法体系。

二、校园篮球教学方法的相关理论阐析

（一）校园篮球教学方法的特点

第一，多元性特点。校园篮球教学内容的差异、教学情境的不同等对篮球教师教学方法的选择提出了各自不同的要求。即使在教学情境和教学内容完全一致的情况下不同教学方法的应用也可能带来千差万别的教学效果。从教学实践来看，不同教学方法产生的效果各有特色，然而任何教学方法都有各自的限制性。例如，讲授教学法能够节省课堂实践，有利于篮球教师控制教学过程，根据学生接受情况与教学实际灵活调整教学速度、进度难度等，能够更好地帮助学生从整体上系统性地掌握知识内容，但是讲授教学法不利于学生长时间地集中注意力，并对学生独立思考精神的树立和能力的培养有阻碍作用；问答教学法在激发学生的兴趣、活跃学生思维上有着积极效用，能够锻炼学生的思考能力，但在知识的系统性传授上不具备优势，不适用于解决高难度问题。由此可知，要将教学目的转变为现实，强调校园篮球教学方法的多元性特点是必要条件。

第二，双边性特点。校园篮球教学活动具有双边性的属性，由此决定了校园篮球教学方法必然具备双边性特点。双边性特点是指，无论何种教学方法，都是由教师的教与学生的学共同融合而形成的。双边性特点决定了校园篮球教学方法必须由教师与学生相互协作才能完成，仅仅依靠教师的教但忽略学生的学是不可能有效实现的。在校园篮球教学方法的实现过程中，教师与学生、教与学二者相辅相成、缺一不可。

第三，实践性特点。校园篮球教学方法只有依靠教学实践才能最终实现，因此，教学方法具有显著的实践性特点。校园篮球教学方法的实践性特点首先是通过目标指向表现出来的，换而言之，校园篮球教学方法的价值主要体现在其作为教学目标的实现手段上。同时，校园篮球教学方法从基础内涵到运作方式再到具体实施等各个组成部分，都是能够在实践过程中被篮球授课教师所掌控的。因此，校园篮球教学方法的实践性特点，能够直接检验篮球教师的教学水准。

第四，整体性特点。不同种类的校园篮球教学方法并不会孤立存在，其作用的发挥也并不能够独立实现。在校园篮球教学方法体系中，各个教学方法都是其重要组成要素，各要素相互影响、相互作用并最终构成了系统整体，而各种要素之间的有效搭配则能帮助教学方法系统发挥一加一大于二的作用。需要注意，在教学方法体系中，各个具体方法不仅能起到积极效果，同时也有可能产生消极作用，只有找到了使各种方法相互配合的科学方式才能取长补短，进而可以更加有效地达成目标。

第五，发展性特点。校园篮球教学方法体系并非固定而不发生任何改变的，在教学理论的发展以及教学实践的进步推动作用下，教学体系也必然会随之有所发展和变化。校园篮球教学方法的发展性特点主要通过如下方面表现出来。首先，新的教学方法总是伴随时代发展与科技进步而不断出现的。以近现代出现的教育教学方法为例，多媒体技术、信息技术的出现和普及，使电化教学、计算机辅助教学等新方法得到了普遍应用。其次，旧有校园篮球教学方法不断被赋予新的含义和内容。比如，当前篮球教学的传授法已不再是传统的、静态的讲授法，更多地运用了姿态语、悬念设置等新的实施手段。最后，新出现的与旧有的多种校园篮球教学方法，相互影响并有机融合到一起，推动了教学模式的稳定发展。篮球教师必须关注时代发展趋势，牢牢把握时代脉络，时刻用发展的观点审视自身采用的教学方法，并保持更新发展，只有这样才能使教学获得最佳效果。

（二）校园篮球教学方法的价值和意义

朱熹曾有言："事必有法，然后可成，师舍是则无以教，弟子舍是则无以学。"要确保校园篮球教学有效教学的实现，教学方法的科学选择与使用是不可或缺的重要因素，校园篮球教学过程中教学方法的科学选择与使用地位显著而重要，教学方法多元组合与灵活应用，是提高篮球课教学任务完成质量的重要手段，有效实施教学方法在校园篮球教学中的重要意义不言而喻。

第一，教学方法的科学选择与使用是保证师生教学活动有效性的必要条件。在关于任务与方法关系问题上，毛泽东做出过如下论述："我们的任务是过河，但是没有桥或船就不能过，不解决桥或船的问题，过河就是空话。不解决方法问题，任务也只是瞎说一顿。"由此可以推断，要顺利完成校园篮球教学任务，必须首先解决好有关教学方法问题。在篮球教学体系中，篮球教学方法并非单独存在于某个部分中，而是从始至终贯穿于整个教学过程中，不仅教学过程各个阶段不能脱离校园篮球教学方法而存在，对于教师的教学组织活动、学生的学习活动、师生之间的教学评价活动等来说，校园篮球教学方法同样都是不可或缺的。可以说，如果篮球教学方法问题没有解决，顺利完成教学任务的目标也就无法达成。

第二，教学方法的科学选择与使用是推动教学质量与效率切实提高的重要保证。科学良好的教学方法能够帮助节省教学过程所花费的时间和精力，少走弯路。科学的教学方法能够使学生在有限教学时间内的知识掌握量更大、质更优，并同时实现教学质量、效率的提升。反之，陈旧落后、缺乏科学性的教学方法则可能对校园篮球教学进程产生消极影响，阻碍校园篮球教学目标的实现，同时也会对学生的发展产生不利影响。

第三，教学方法的科学选择与使用是将教师与学生紧密联系在一起的重要途径。教学方法能够将教学活动中的教师与学生紧密联系起来，师生在教学活动中紧密联系是实现良好教学效果的前提。若没有科学合理、行之有效的教学方法，学生就无法有效投入学习当中，甚至会对教学产生抵触心理，对学习产生厌恶感；若篮球授课教师能够将科学合理、行之有效的教学方法灵活运用到教学过程中，学生将能够产生更多的教学参与积极性，对学习产生兴趣。

第四，教学方法的科学选择与使用是影响学生身心发展的重要因素。校园篮球教学方法的科学选择和使用能够对校园篮球受教学生的身心发展产生直接影响，对学生的学习活动起着重要作用。例如，传统教学中普遍使用的灌输式教学方法，打击了学生自主学习的兴趣，从学生长远发展来看，对其独立思考能力的养成、自主学习习惯的构建都有着消极影响，会导致学生在综合素质培养方面陷入被动。而科学运用多元化、启发式等创新型篮球教学方法，能够刺激学生主动探究，在独立思考、积极表达、勇于创新等能力的养成上也都有着积极意义。

第二节 我国校园篮球课程教学方法现状审视

一、我国校园篮球教学方法现状

（一）重视程度分析

在多元化、信息化社会环境影响下，常规、传统的教学方法很难引发学生的兴趣，而新颖、有趣的教学方法或其组合则在教学参与兴趣的激发上有着更强的作用，能够有效提高教学成效。

通过对相关调查资料的分析研究发现，在篮球教学实践过程中，教师最常使用的是以完整法与分解法、比赛法等为代表的常规方法，而较少应用新颖的教学方法，常规方法的应用比例显著偏高。由此可以说明，大部分篮球授课教师虽然能够认识到，在篮球教学过程中，对新颖教学方法的使用在教学上的意义要明显高于常规方法，但受各种客观因素限制，在实际教学中，大部分教师依然会沿袭常规模式，使用最多的依旧是常规教学方法。

（二）多媒体教学情况分析

在多媒体教学使用情况问题上，相关调查资料显示，大部分篮球教师在篮球教学过程中很少甚至是不会使用多媒体手段来进行辅助教学。同时只有非常少数的篮球教师在教学过程中会经常使用多媒体教学手段。在高速发展的现代信息社会，在教育领域的多个理论学科中多媒体辅助教学已经成为不可或缺的教学手段，在课堂教学过程中应用多媒体技术手段在很大程度上降低了理论课的枯燥乏味性，将现代信息技术融入课堂教学中，也使学生产生了更多的学习兴趣。然而，对于篮球教学来说，怎样才能在教学过程中充分发挥多媒体的辅助功能，怎样选取适合的现代化技术并使科技元素有机融合到篮球课堂之中，这是新时代环境下篮球授课教师必须关注的新问题。

（三）教学方法对教学需要的满足情况分析

有关教学方法对教学需要满足情况的问题，相关调查资料显示，绝大多数篮球教师认为，无论程度如何，其在教学过程中采用的教学方法均对篮球教学需要起到了满足作用。教师认为，其在课堂教学过程中使用的传统、常规教学方法，是历代篮球教学专家学者经过多年总结而得出的成果，是集体智慧的结晶，利用常规的教学方法能够保证学生在有限的课堂时间内，顺利掌握篮球技战术的理论知识。同时使用传统、常规的教学方法，能够给篮球授课教师带来更强的教学节奏感，使师生双方都能感受到课堂控制感与学习成就感，换而言之，教师能够通过传统教学方式取得更佳的课堂发挥成效。然而，与此相对比，多数学生却不这么认为，他们不考虑感受程度深浅，大多数学生认为教师教学方法的使用并不能满足教学需求。这一状况符合当前大学生的特点，即追求新鲜事物，不愿墨守成规。可见，我们需要关注教师同学生在教学方法倾向性上的矛盾，并在教学中有针对性地寻求问题对策。

另外，多数篮球教师认为，选择教学方法时需要将教学内容作为第一考虑因素，要从具体教学内容出发，对教学方法进行选择确定，这是确保教学有的放矢的有效方式，有利于对教学节奏的控制。另外也有部分篮球教师认为，选择并确定教学方法时，首先考虑的因素应该是学生的接受能力，教学对象各自的情况不同，学生理解、接受能力各有差别，只有从学生实际情况出发选择容易被学生接受的教学方法才能确保并提高教学成效。另外有超过一成教师表示，在选择教学方法时会首先考虑教学习惯，做出这种选择的大都是有着丰富教学经验的授课教师。

（四）教学方法实效性依据分析

在教学方法实效性依据问题上，一些篮球教师认为，主要依据是学生对技能提升的满意程度，学生在技能方面的提升效率高即能证明教师教学方法的选取是合理的，这部分教师在篮球教学过程中更加注重技能培养。另外也有一些篮球教师认为，教学方法实效性的主要依据在于受教学生在思维认知以及综合能力方面的提升，相对比前面选择技能的教师来说，这部分教师更加关注对学生的情感、思想、创新等综合能力的养成，是更高层级的教学方法实效性检验的要求，对于当前社会多元化篮球人才需求而言更加符合。

（五）创新重点分析

在篮球教学方法创新点的问题上，多数篮球教师与学生认为，教学方法创新的重点在思想意识转变上，变革要从思想开始，只有在科学思想指导下，行之有效的教学方法才能产生。也有部分教师和学生认为，教学方法创新的关键是对教学方法的多元组合，在科学有效的教学思想指导下，对教学方法进行多元组合能够有效体现教学思想，多元组合教学方法是保证教学实效性的重要手段。另外，尽管信息技术给人类社会带来了前所未有的巨大变化，同时也给教育教学带来了前所未有的改变，但是依旧有相当一部分教师未能认识到信息技术对篮球教学质量提高的潜在积极作用。

（六）教学方法创新标准分析

在篮球教学方法创新标准问题上，相关调查资料显示，大多数教师和受教学生认为，对于篮球教学方法创新来说最主要的标准是其有效性，另外也有很大一部分教师和学生选择将多元性作为最主要的标准。要认识到，多元性与有效性二者之间并不是相互对立的，与其相反，二者之间存在相互推动、相辅相成的紧密联系。教学是长期、系统和复杂的过程，任何单一一种教学方法都不是万能的，实现多元性的最终目的在于提高教学质量，使教学方法的有效性得到增强，对于教学方法的多元性来说，有效性是其根本目的。在教学方法的选择过程中关注多元性、有效性，目的都在于提高篮球教学质量。兼顾教学方法的多元性与有效性能够帮助教师拓展教学思想、促进学生综合创新能力的提高，是顺应篮球运动发展的选择，能够为学生今后的学习、工作、研究等奠定坚实基础。当前我国篮球授课教师有必要在教学活动中对多种教学方法进行多元组合，寻找到更加实用、有效、多样的组合形式。

（七）教学活动的组织方法采用分析

在教学活动的组织方法采用问题上，有很多教师并没有受到教材的束缚，会有意识地对知识进行整合，这部分教师通常将篮球理念与技能放在了同等重要的地位，希望能够将学生培养成同时具备篮球技术与思想的现代化综合性人才。也有部分教师选择专题讲座的教学活动形式，将篮球最新知识成果作为内容，开展专题讲座需要教师花费大量时间学习，保持思想随着时代发展而不断更新，时刻关注最新、最前沿知识研究。选择在教学活动中融入自身科研成果的教师所占比例不大。要认识到，教师自身的科研成果能够在帮助学生进步方面起到有效的推动作用，篮球教师要能够从其篮球运动教学和训练活动出发，有意识地加强在科研领域的努力，以身作则，鼓励学生相互协作、参与到篮球教学与训练方面的科研活动中，通过潜移默化的方式引导学生感受、体验科研成果的产生过程，促使学生自主学习、积极思考。

二、校园体育篮球教学方法存在的问题

（一）信息技术的教学手段使用偏弱

在多媒体教学使用情况方面，通过对相关调查资料的分析研究发现，在技术课以及理论课上，授课教师在以多媒体为代表的信息技术教学手段上的应用并不多。《全国普通高等学校体育课程教学指导纲要》曾明确提出，要关注篮球教学方法的多元性与个性化，要能够应用以多媒体等为代表的现代化教学方法进行创新改革，鼓励多媒体等教学方法的多元化有机组合，实现教师、学生在教学过程中的相互推动和促进，使学生的参与积极性得到提高、自学自练意识有所增强、创造性思维获得发展、各方面潜能得到最大限度的挖掘。多媒体等新技术的应用能够在很大程度上打破传统意义上示范等常规教学方法的限制，通过视听感官刺激使受教学生对知识技能留下更加深刻的印象。各种直观教学素材的提供能够有效激发学生产生学习积极性，构建科学的学习动机，实现篮球教学环境的创新、教学内容的拓展丰富，为教师节省时间精力并能够同时帮助学生更好地学习，是篮球教学的双赢教学方式。

（二）教学观念更新不及时

在篮球教学方法重要程度方面，大部分教师对新颖教学方法的重要性有着明确认识，能够意识到现代化信息社会在人才需求上的多元化转变，能够明确教学发展创新改革的必要性和迫切性，然而在实际教学过程中，也有很大一部分教师即使认识到了创新改革教学方法的客观必然性，也坚持墨守成规，继续使用传统教学方法。传统教学方法关注点在篮球技战术方面，其在技战术上所能起到的卓越成效是无可置疑的。但当前社会发展形势发生了翻天覆地的变化，教育在人才培养方面面临着前所未有的巨大挑战。在过去的篮球教学中，教师一直将常规教学方法作为课堂教学的主要使用方法，尤其关注篮球运动技战术方面的教学，将技战术视为篮球人才唯一需要掌握的，认为学生在思想情感、态度价值观等方面的发展并不需要关注，长此以往导致了篮球教学出现了诸多问题，轻创新重练习、轻理论重技术、轻个性发展重技术训练等不良发展现象屡见不鲜。及至当下，有部分篮球教师对上述问题有所认识，并根据篮球的发展趋势对自身教学观念做出了更新，然而怎样才能将观念转变落实在实际教学活动中，怎样才能将新的教育教学思想转变为教育教学实践，这是篮球教学能否在新时代环境下真正再上一层楼的关键所在。

（三）过度使用常规教学方法，教学方法使用过于单一

在教学方法使用方面，相关调查资料显示，在篮球教学实践过程中大多数教师会选择诸如完整法与分解法等传统、常规的教学方法。数据显示，选择传统常规教学方法的教师所占比例明显要高过选择其他多元教学方法的教师。在教学方法对教学需要的满足情况方面，多数学生认为，当前篮球教师选择使用的教学方法没有使教学需要得到有效满足。由此可见，在篮球教学过程中教师存在采用教学方法过于单一的问题。教师在课堂上过度使用常规教学方法，长久下去很有可能导致学生丧失对篮球的学习兴趣，还有可能使部分学生产生消极应对的不良学习情绪，甚至产生厌学心理，这必然会对篮球教学效果造成损害。不能否认，示范讲解等常规教学方法有着很大程度的优越性，传统、常规的教学方法是历代专家、学者与教师反复检验过的行之有效的教学方法，是前辈先人们智慧的结晶，有着直观性突出、可操控性稳定、解决能力优秀、信息蕴含量大、短期技战术能力发展效率高等诸多显著优势，对于多元教学方法的创新组合来说也具有基础性的重要作用。但是在当前教育形势下，篮球教学方法的多元创新组合，对于学生技战术水平的切实提高以及在各个方面的综合发展都有着十分重要的作用。因此，教学方法的多元化创新组合不能仅仅停留在

11

理论层面，更要结合实际教学情况和学生需求将其付诸到教育工作实践当中。教师必须坚定地将传统教学方法作为基础，然后努力在课堂教学中实现多元化创新组合，要摆脱思维定式、教学习惯等因素的束缚，明确"教无定法、贵在得法"，使教学方法的应用能够更好地为教学与学生服务。

（四）教学方法创新存在认知矛盾

对篮球教学方法进行创新变革，需要以先进教育教学思想为指导，利用教学方法多元化组合的方式将篮球教学的目标、内容、环境，以及评价、对象等不同要素有机整合到一起，以实现最佳教学成效。在教学方法创新方面，不同教师有不同认知矛盾，不同的教师在创新重点、标准以及创新方面上的观点也各不相同。夸美纽斯曾经提出，希望发现能够使教师少教而同时学生多学的教学方法。"少教""多学"两点即教学方法创新的精髓所在，同时也是广大体育教育工作者持之以恒追求的目标。在知识量爆炸的社会环境下，篮球授课教师与学生不得不直面前所未有的教学、学习压力，这种情况尤其要求教学方法的创新。当前篮球教师必须重视教学方法科学化，从整体层面把握好教学活动，将知、行、意、情等学生情感体验与教学方法多元化创新过程有机融合为一体，使教学方法创新功能得到最大限度的发挥。

第三节　我国校园篮球课程教学方法优化策略

一、校园篮球教学方法的创新原则

校园篮球教学方法的构成要素主要包括：语言、实物、实践。这是篮球教师与学生在思想和情感层面开展有效交流的首要方式。无论是篮球教师的授课、辅导、作业检查等教学活动，还是学生的听课、自习、做作业等学习活动，无论是科学文化知识的传授、技能的养成，还是科学文化知识的学习、技能的锻炼，都需要借助语言的媒介作用。没有语言的支持，教学活动则无法开展。可以说，校园篮球教学方法的第一构成因素就是语言。实物（如篮球、篮球场地、各种辅助设备等）——校园篮球教学需要借助器材设备才能实施。从教学实践来看，篮球教学设备情况对教师实施教学方法有着直接影响。这是因为，器材设备数量（如篮球个数）制约着教学密度；器材设备形状（如篮球架）制约着教学强度、难度；器材设备安排（如篮球场地）制约着教学的组织方法。因而，我们将器材设备作为校园篮球教学方法的第二构成因素。实践（身体活动或身体练习）——实践性是校园篮球教学的最大特征。在实践过程中，教师能够更加生动形象地传授学生知识和技能，学生也能够通过实践真正有所掌握，实现身心的和谐、全面发展。因而，校园篮球教学方法的第三构成因素是实践。无数教学案例表明，将语言、实物与实践三个构成因素有机结合到一起，教学方法效能才能得到最大限度的发挥。对教学方法构成因素进行综合分析，在此基础上我们提出，校园篮球教学方法的选择需要以如下原则为指导。

（一）坚持科学性原则

在校园篮球教学方法选择过程中，坚持科学性原则主要可从以下方面着手。

1.教学方法同教学规律相符合

同其他学科的教学相对比，校园篮球教学有着突出的特点，教师需要借助身体练习开展教学，学生需要借助反复练习，将身体与思维二者有机融合到一起才能实现对篮球知识与技能的掌握，进而实现提高技战术水平、增强身体与心理素质的目的。校园篮球教学的特点要求其教学方法的选择必须遵守如下规律。

（1）动作形成规律

根据发展程度的不同，动作形成由大致掌握、改进以及巩固和运用三个阶段共同构成。第一个阶段大致掌握动作的过程有着"泛化"表现，个体的运动中枢神经抑制和兴奋呈现出扩散状态，条件反射的形成尚且不稳定，这一阶段普遍有技术动作不协调、肌肉控制能力弱、表现僵硬的主要特征。学生通过训练逐渐强化，使动作形成发展到改进的第二阶段。在这一阶段，个体的运动中枢神经抑制和兴奋呈现出集中状态，对技术动作的把握从泛化逐渐发展到了分化阶段，在上一阶段出现的错误技术动作被逐渐纠正，开始形成动作定型。在最后的技术动作巩固和运用阶段，受教学生大脑皮层中的运动中枢神经抑制及兴奋的精确性与集中性达到了最强，对技术动作的时间与空间知觉初步形成，开始巩固动作定型。在这一阶段，学生的动作准确、熟练、省力且能做到自如应用。动作形成的不同阶段，并不是绝对存在的，三者之间有着相对的、彼此紧密的联系。学生的能力水平各有差异，教师的教学经验水平也千差万别。因此，受教学生在动作形成阶段取得的进度也有先有后。此外，不同阶段、动作技能间也可能产生相互影响、转移的现象。前一个动作的形成促进了后一个动作的掌握被称为积极转移；与之相反产生了阻碍作用的则被称为消极转移。

在校园篮球教学的实践过程中，篮球授课教师必须能够及时充分注意上述现象，并做出科学积极的应对。

（2）个体生理活动规律

对于篮球受教学生来说，其成长发育被多种条件影响着，归纳来看主要可分为三方面：首先是个体因素，也就是先天遗传因素；其次是社会因素，也就是环境营养、卫生教育等因素；最后是篮球运动训练因素。合理、科学的篮球运动训练能够对个体的成长发育起到多方面的积极影响。接受合理、科学的篮球运动训练，学生能够保持思维敏捷、头脑清晰；血液循环得到促进，心肺功能有所提高；骨骼、肌肉发育受到积极影响，更加健壮有力；环境适应与不良因素抵抗能力得到发展。生物法则显示，缺乏运动会导致人体产生一定程度的衰弱，恰当的篮球运动训练能够帮助生长发育，但运动一旦过度也有可能造成身体损伤，可见，篮球训练必须注重教学方式的科学性。

2. 教学方法同教学客观原则相符合

（1）自觉积极性原则

在贯彻自觉积极性原则时，篮球教师需要将学习目的传递给学生使之深刻理解并有所明确，以激发学生在校园篮球学习方面的兴趣；要将教学目的与学生实际发展情况综合考虑，以保证校园篮球教学在内容与方法上的科学合理。

（2）学生全面发展原则

在贯彻学生全面发展原则时，篮球教师必须考虑不同新教材多元搭配的合理性，要考虑能够推动学生身体素质全面发展的练习；要保证每个课时中教学内容的多元化，为学生全面发展提供更好条件；要保证考核项目多元化，以使不同考核项目以及考核项目同教学内容合理搭配。

（3）运动负荷合理调节原则

在贯彻运动负荷合理调节原则时，篮球教师要对篮球运动强度以及运动量做出灵活科学的调整，以保证学生体能能够始终充盈，最大限度避免运动损伤的发生，使教学效率得到切实提高。

（4）循序渐进原则

在贯彻循序渐进原则时，篮球教师需要注意运用难度由低到高、内容由繁到简的方法安排篮球教学内容；在学期正式开始前，要对本学期篮球教学的技战术内容做出科学合理的整体性规划安排，以确保每一个课时都有思想性、层次性，确保教学内容之间的有效衔接，确保重点难点被着重突出，使教学系统性与有效性能够融合体现出来。

（5）巩固提高原则

在贯彻巩固提高原则时，篮球教师需要站在整体层面，全面掌握各个学生在技战术上的学习水平以及不同个体之间的相互差异，根据学生表现出的不同特点，有计划、有针对性地施加教学内容，选择教学方法，让学生的学习活动与其自身状况相适应，并以此为基础保持高效性。同时也要在时机合理时安排诸如比赛等形式的检测，对于学生在这一阶段学习中对技战术、理论知识等的学习掌握情况要做到心中有数。

（6）统一要求同因材施教结合原则

在贯彻统一要求同因材施教结合原则时，篮球教师需要对学生有全面的了解，能够对学生的实际情况有着清晰掌握，根据普遍情况制定统一要求，并在此基础上，根据学生个别情况贯彻因材施教原则。

3. 教学方法同教学目的相符合

校园篮球的教学目的即篮球教学过程中预期想要实现的目标，大体可分为如下几方面，首先是受教学生身心的全面、和谐以及健康发展；其次是受教学生在篮球技战术以及相关各种理论知识上的理解与掌握；最后是受教学生创新探索、关爱他人、团队合作等积极意识的养成。对于校园篮球教学来说，在推动学生发展的主要目的之外，篮球教学的目的与任务还包括：使学生树立社会主义信念，接受行为教育；使学生掌握篮球知识，具备优秀运动能力、优秀身体素质；使学生建立对篮球运动的科学认识，养成热爱运动、科学运动的习惯；使学生具备过硬的组织及适应能力。以校园篮球教学总体目标为指导，篮球教学在不同课时有各自不同的教学目的。篮球教师需要参照各个教学的目的及具体要求，恰当选择适宜的教学方法。

4. 教学方法同教学内容要求相符合

校园篮球的教学目的是篮球教学内容的选择依据。确定了何种教学目的，就需要针对其安排相应的教学内容。当前，教学目的的多元化发展趋势要求教学内容应丰富。教学内容的选择应遵循如下原则：选择的五人及三人制篮球运动要能够促进学生健康，有利于其身体协调发展，有利于促进体型匀称，有利于身体姿势的正确培养；选择的花式篮球要能够体现出篮球韵律、美感，能够表达丰富的情感。篮球教师要从学生兴趣培养角度考虑，选择趣味篮球游戏、运动，同时从学生发展角度考虑，选择适宜增强其体质、运动机能与基本活动能力的练习。与之相符合的，教学方法的选择，需要遵循如下几方面原则：教学方法需要能够满足所有健康受教学生的需求；教学方法的选择需要对改善体质有直接帮助作用，要重视使学生能够独立从事篮球运动的教学；教学方法的选择不能仅仅适用于校内教学，还需要在学生未来人生中也能起到积极影响。

（二）从实际情况出发的原则

校园篮球教学活动包括教师与学生的教与学两方面，它是一种双边互动活动。因此，在选择与组合应用教学方法时，要将教师与学生两方面的因素都考虑在内，站在教师与学生两个立场上，考虑不同的实际情况，合理选择教学方法。

学生在不同年龄、不同发展阶段，心理状态及变化都有着极大的差异性，同时，学生对学科的选择也表明其所需要的教育教学存在极大差异性。教师需要了解学生的心理特征、认知水平和知识技术掌握情况，能够站在学生立场上选择教学方法。学生存在年龄差异、心理发展水平差异以及发展需求差异，因此选择教学方法必须做出适当调整。举例来说，针对体育教育专业学生的教学选择的方法，需要与针对运动训练专业学生的教学所选择的方法有所区别，篮球授课教师必须有所明确，以此为基础适当选择教学方法。布鲁纳提出如下观点：知识根据其形成顺序与方式，至少包含三层阶段，首先是动作把握，即凭借四肢把握对象；其次是影像把握，即凭借印象把握对象；最后是符号把握，即凭借语言形式把握对象。授课教师对校园篮球教学方法的选择，需要考虑学生思维方式表现出的特点。根据皮亚杰、布鲁纳的相关理论可以得出如下结论，三种思维方式并不与年龄特征等同，其在本质上属于思维发展顺序。举例来说，部分学生尽管已经正式进入高中学习阶段，但不能实施有效的形式思维，这样其智慧发展水平则仍处于具体思维阶段。我们从中可以获取如下启示，教师教学方法的选择需要做出如下应对，将动作式、影像式以及符号式三者协调到最优状态。

现代认知心理学理论对学生的知识体系构建及其构建方式十分重视，该理论关注认知结构对于新知识学习的迁移意义，强调参考学生已有的篮球知识体系选择教学方法。举例来说，若学生的认知体系中具有与新知识相关的某些观点或概念，篮球授课教师完全可以选择启发性较强的谈话法，反之，若学生对新知识并无任何了解，则谈话法就不再适宜应用。教学方法必须能够适合学生的认知发展程度，并非指选择教学方法必须将其难度等控制在学生认知发展程度之下，消极受学生认知水平程度控制，恰恰相反，教学方法的价值体现在推动学生身心向更高一层发展上，可见，适合学生认知发展程度的教学方法的选择需要确保其意识超前。

从教学实践活动的进行来看，教学方法在其中作为工具而存在，在教学实践过程中，教学方法的选择必然会受教师自身特点所影响，受其知识积累、经验形成、性格特点、思想价值乃至个人教学水平等多种因素作用，教师常常会表现出对某些方法的偏重。在大多数情况下，篮球教师往往使用那些掌握得比较好的教学方法。举例来说，部分篮球教师并不擅长用语言做出准确、具体、生动的描述，但善于运用直观教具，能够通过直观教具演示配合有效实施理论讲解；在叙述法和谈话法之间，部分篮球教师更倾向于使用叙述法，而非谈话法。篮球教师理解和掌握了越多的教学方法，在各种不同的教学情境下就越能顺利选择最适合的教学方法。此外，教学方法的选择同时必须对时间因素做出着重考虑，以时间做参考因素恰当选择教学方法，确保教学任务能够在限定时间内完成。总而言之，在教学方法的选择过程中，篮球授课教师要充分考虑自身的素养条件，做到扬长避短，使个人优势得到最大限度的发挥，选择适合自身素养条件的教学方法。

坚持从实际情况出发的原则，需要重视如下方面。首先，要深入学生之中进行调查研究，及时、有效掌握学生的具体情况。篮球教师要灵活采取各种途径与方式，对学生在大学篮球课程上的知识认识、兴趣爱好、运动基础、身体发展情况等各个方面都能有所明确。篮球教师要能对受教学生的普遍情况做到心中有数，同时也要熟知个别学生的特殊情况，能够在教学过程中将主流及支流、现象及本质、主观及客观、积极因素及消极因素有效区别开来。其次，要以学生实际情况为参考，对教学做出明确和具体的要求。若任务要求设置、教材内容选择难度过高，教学方法制定以及运动实践安排与实际脱节，超出受教学生的发展水平与接受能力，必然会导致教学任务完成情况差，甚至可能造成学生产生厌学情绪，有可能导致教学事故；若要求标准设置过低，则学生可能会因为难度过低而丧失学习兴趣，同样也不利于其体质强化、身心发展。最后，要将普遍情况同特色情况结合起来。以班级为教学单位，大部分学生在年龄、体质、身体发展状况与篮球学科基础等方面都处于相近水平，但也不能否认，存在着少部分学生与大多数学生之间差异性十分明显的现象，要想取得校园篮球教学的良好成效，教师既要坚持以一般要求为前提，同时也不能忽视特殊情况的应对，要将因材施教落到实处。

（三）坚持直观性原则

辩证唯物主义认识论以及心理学感知规律是校园篮球教学方法创新选择的直观性原则的理论来源。从辩证唯物主义认识论观点中可以得知，在个体认识活动中感觉形象占据极为重要的地位，其揭示了思维活动从具象到抽象、感性到理性的具体变化发展规律。从心理学感知规律中可以得知，个体在感觉理解和知觉理解方面的关系，能够对其不同形式及作用有直观掌握。

在校园篮球教学中，直观形式包括实物、模像和语言直观等方面，教学中各个方面是互相协调并相互补充的。篮球授课教师需要在教学过程中引导学生对示范动作、技术阐释细心观察，学生需要在教学过程中积极发挥主观能动性，把教师的讲解与自身的技术经验、思维感官模式相融合起来，在主观层面用生动直观的表象做出反馈性展示帮助学习内化运动技能、篮球战术，同时提高自身的模仿能力、实践技能。要坚持直观性原则必须关注如下方面。

第一，篮球授课教师首先需要对坚持以直观性原则为指导的校园篮球教学的具体要求及目的有所明确。坚持以直观性原则为指导本质上是对视觉手段的应用，直接目的在于教学目标的完成。因而，在以直观性原则为指导时，要综合考虑校园篮球教学的具体目标、所使用教材的特点以及受教学生的情况等多方面因素。举例来说，在课程初期，视觉作用影响较大，这时教师要发挥视觉形象的教学作用，选择演示、示范直接道具等教学方法；在课程中后期学生实践练习阶段，肌肉感觉、身体印象等相关直观方式的影响变大，这时，要将教学方法选择的重点转移到提升运动分析器功能上来，此时，可以根据课堂情况采取适当的教学方法暂时停止诸如视觉分析器的作用，使教学实效性达到最佳。

第二，篮球教师要重视其自身在学生学习上的直观作用。在校园篮球教学过程中，学生观察信息的获得主要通过感官来实现，而其来源主要在篮球教师身上。当前大学篮球教学直观教学，主要是由篮球授课教师做出标准示范动作来实现的。学生新动作的学习，第一直观印象即授课教师示范。若教师示范不规范甚至出现错误，则其提供给学生的必然也是不正规，甚至是错误的形象观。由于发展阶段的学生有着极强的模仿能力，并且在校园篮球教学中，这种特点有着进一步扩大的趋势。因此，大学篮球教师必须对每项教学内容都要有深刻理解，必须对每个动作要领都要有精准的掌握，确保自身的讲解与示范不存在谬误。

第三，严格从学生实际情况出发。直观性手段的应用必须始终贯彻从学生实际出发。无论是高出学生实际发展水平还是不能达到学生发展要求，都意味着直观性作用无法得到有效发挥。举例来说，篮球授课教师在进行动作示范时，假设难度过高，远远超出大多数学生可能实现的水平，则会导致学生望而生畏，产生学习挫败感甚至丧失学习信心；反之，假设示范动作远远无法满足大部分学生的发展需求，则会导致学生丧失学习兴趣，无论哪种情况都会使直观手段丧失其在教学中的作用。可见，直观手段的运用必须适合不同年级、性别、个性的学生在每项教材方面理应取得的教学标准。

第四，恰当地运用实物展示。教学过程中难免会遇到借助讲解、示范等手段无法取得良好成效的情况，在这种情况下篮球授课教师可以借助实物来展示，如录像、模型、图片、表格等。运用实物展示手段需要把握处理好时空因素，避免华而不实。此外，教师在教学过程中也要考虑具体情况而不能一味追求只具其表的"直观性"，在不需要运用实物展示时要避免随意使用，不科学、不恰当地运用实物展示会在很大程度上导致学生注意力分散，无法使讲解、示范取得应有成效。

第五，语言应用要尽量生动、具体、形象。对比枯燥抽象的语言，生动形象的特点更能突出语言的直观作用。篮球授课教师在教学过程中需要保证讲解生动富有趣味性，能够有效激发学生的学习参与积极性，不能照本宣科、枯燥低迷。

第六，要将直观性原则真正贯彻到教学过程始终。篮球教师在讲解、示范动作的过程中，必须坚持直观性，这是坚持直观性原则的方式。然而讲解及示范等都仅仅使学生在思想意识领域能够建立起基础概念，借助视觉、听觉获得的各种信息，都只是对所学内容在表象层面的理解。需要认识到，学生的实际操练也是直观性原则的体现，只有真正掌握了动作知识才能灵活运用动作知识，教学过程也才称得上是真正完成了。无论何种教学过程都是循环往复发展着的。站在校园篮球教学整体上看，任何课时都只是其中的有机组成部分，各部分之间保持承前启后的联系。可见，在校园篮球教学过程中贯彻直观性原则是十分必要的。

（四）坚持统一要求与因材施教相结合

我国校园篮球教学普遍使用班级授课制，将班级作为学生学习活动开展的基本单位。班级教学要求统一化、规范化。然而，不同学生个体在年龄、身心发展、知识技能水平等诸多方面呈现出了各不相同的发展状态，导致统一规范教学对学生的个性培养、特长发挥有不利影响。在这种情况下，教师就需要以统一要求为前提，同时要重视因材施教。

在贯彻坚持统一要求与因材施教相结合原则时，篮球授课教师需要从以下方面入手。首先，必须深入了解每个受教学生，这是原则贯彻的必要前提。知识技能的教学传授是由篮球教师在统一的教学活动中实现的。然而，掌握、内化知识技能的过程必须由学生单独进行。个体在高级神经活动、意志品质、身体素质等方面的差异性极大。差异性必然会影响学生学习与锻炼的过程、效果，因此，在知识与技能的掌握、内化过程中，不同学生之间可能完全不同。授课教师必须对不同年龄、个性、性别学生的相似与共同特点有明确掌握，才能使班级教学有针对性地得到开展；必须对每个学生的特点、特征有明确掌握，才能在明确了统一要求的前提下关注对每个受教学生在特长与个性方面的培养。

在校园篮球教学过程中，贯彻坚持统一要求与因材施教相结合原则的关键在于，篮球授课教师必须对每个学生的身体素质、技能发展与个性特征有明确和深入的掌握。倘若对学生的上述各种情况不能有明确把握，则必然导致校园篮球教学活动陷入盲目的状态。无可置疑地，身体素质及健康水平不同的学生，生理负荷能力有着明显差别，也因此在运动密度、强度的承受、适应能力上会产生明显差别，而不能明确学生体质、健康情况则会给篮球教学带来极大风险，甚至产生不良后果。与此同时，在了解学生体质、健康状况的前提下，及时掌握学生兴趣爱好、情感需要等心理特征对于篮球教学同样重要。心理特征具有普遍性，同时也存在特殊性。相同年龄、相同性别的受教学生，必然会表现出普遍性、本质化的特征。只有对学生心理的普遍性和差异性都明确，教师才能真正做到从学生实际出发，因材施教，使教学工作收获更加良好的效果。

"面向普遍性、兼顾特殊性"是贯彻统一要求与因材施教相结合原则的主要途径。所谓"面向中间，兼顾两头"，即以学生身心特点的全面深入了解为基础，篮球教师必须首先关注有着普遍共性特征的大多数学生；并同时兼顾有着个别特性的少数学生，促使基础薄弱的学生能逐步适应并赶上平均水平，而有突出优势的学生能将特长发挥出来并发展成为具有专业技能（如裁判等）的篮球人才。对大多数学生来说，其需要以篮球教师提出的教学要求为学习活动提供指导，需要教师根据其认知水平安排切实有效的教学方案。教学活动的负荷、强度以及技能标准等的设置，都需要设置在学生普遍能够凭借努力而达成的水平上。针对有特殊才能的少部分学生，在常规教学任务得到高质量完成的前提下，教师需要适当增加部分内容，满足其个性的发展需求。针对基础较差的个别学生，教师需要在提出的普遍性要求的基础上，适当放宽标准，确保学习要求未远远超出学生自身的能力水平，但同时学习要求也必须有利于其积极改善自身的相对落后状态。必须强调的是，对于个别相对落后的学生，篮球授课教师切忌冷漠、歧视对待，反而更需要着重关注、热情鼓励，使其具备学习的信心和动力。总而言之，在教学过程中，篮球教师要从学生各自的实际情况出发，针对相同的教学内容，对不同学生提出深度、广度等方面的不同要求。

（五）坚持系统性原则

校园篮球教学是一个系统化的特殊过程，也是一个有着极强的目的性、计划性、组织性和可控性的特殊过程，它包含教师、学生、教材的基本要素以及多种其他复杂因素。教学方法是校园篮球教学不可或缺的组成部分，同时也可被视为相对独立的系统。从系统论观点看，教学方法包含实体与非实体两方面要素，两方面要素按照某种方式联系构成了统一的整体，是相对独立运行且不断变化发展着的。对于校园篮球教学来说，所谓实体要素即师生、篮球运动的教材和场地器材；所谓非实体要素即教学理念，教师与学生的思想、态度与能力。可见，由实体与非实体两方面要素构建而成的教学方法系统，并非单独要素或单独活动，也并非固定了的某种运作程式，而是在整体化、综合性、系统性地运动着的，教学方法系统是动态系统。从表面来看，对教学方法起着明显、重要影响和制约作用的是实体因素，但是能忽视的是，非实体因素也在其中有着潜移默化的影响。举例来说，在教学方法选择和应用实施的过程中，教学思想发挥着导向、规定作用，其束缚、影响着教学方法的各个要素，以这种方式作为贯穿，将各个要素有机组成一体，并在此基础上促进了整体运动的形成。又比如，授课教师与学生对于课堂教学的主观态度，对教学方法整体功能的发挥有着或积极或消极的直接影响。

在系统论观点中，教学方法有着四个方面的特性。①整体性。根据教学方法的整体性，篮球教师必须站在系统论角度，从整体层面对教学方法具体选用原则进行研究并贯彻始终。②协同性。教学方法同教学系统中的其他各要素，要保持广泛交流与密切联系，确保活动上的协同一致性。③可控性。实施教学方法的过程包含控制、反馈两个方面的活动内容。在这一过程中，要对教学方法实现最优组合、取得最佳效能，需要教师与学生共同努力，调节控制、反馈并使二者达到最优。④交叉性。教学方法以及原则、模式不是相互孤立存在的，彼此之间有或多或少的交叉渗透，有着非界限性与非定量性的特征。可见，教学方法发挥真正的应用作用，只有在教学原则、模式相互的联结及组合中才能实现。

（六）坚持以教学理论为指导的原则

教学方法突出的实践性特点要求选择与运用校园篮球教学方法一定要贯彻试验先行原则。在创新使用教学方法的过程中，开展个别化、局部性试验是必要前提，只有教学方法经过实践证明确实有实施价值，才能被普遍推广与应用。同时，大学篮球授课教师必须坚持不懈地深入研究教学理论与思想，以科学、正确的理论思想为指导，在教学方法的选择与应用上进行创新。

要贯彻上述原则，篮球教师必须坚持：首先，将理论知识学习、教育教学理论研究与篮球教学具体实践有机结合到一起，以科学方式将教育教学理论应用到实践当中；其次，只有经过实践检验的教学方法才能被广泛推广和使用，切忌主观臆造；最后，试验教学方法必须要严格遵循科学教学理论的指导，切忌脱离理论指导，盲目追新。

二、校园篮球教学方法的选择

多种多样的教学方法有着不同的特点和不同的特定功能，当然也存在各自不同的局限性。教学方法之间展现出了互相区别、互相影响和互相渗透补充的关系。在篮球教学实践过程中，篮球教师需要立足于客观实际，使教学方法的选择客观合理，使不同种类的教学方法能够实现多元组合，并被创造性地应用到教学实践当中，使教学方法的作用得到充分发挥。校园篮球教学方法的选择问题，概括来说主要分为两个方面：教学方法的选择依据、教学方法的选择程序。

（一）教学方法的选择依据

篮球教学方法本质上不存在优劣之分，其区别仅仅在于，在教学活动的具体功能与作用上有所差别。教学方法的选择有优劣之分，优秀教学方法的选择依据是要求教师能够全面充分考虑各方面因素在实现教学目标上起到的不同影响，能够对教学方法实施合理化的多元组合，坚持教学方法科学应用原则。综合来看，篮球课教学方法的选择依据主要包括如下方面。

首先是教学目标依据。校园篮球教学方法选择的主要衡量标准在于选择的篮球教学方法对于篮球教学目标的实现是否起到了预期的作用。概括地说，教学目标大都包含知识技能、智能情感、价值理念、身体素质等元素，在学生学习过程中，种种构成元素有着共性规律，同时也不缺乏个性化发展特点，要确保校园篮球教学目标有效实现，就需要依据目标需求，使教学方法能够与之相适应。举例来说，若教学目标设定为篮球知识的获得，则应选择讲授方法；而假如教学目标设定为篮球技能的具备，则应选择演示、练习的教学方法。同时，在一段教学活动中，教学目标往往是多层次多方面的，因此，教师需要适当注意，有意识地选取多种教学方法，实现多元化的组合应用。

其次是项目特点与知识形态依据。对于教学方法的选择来说，项目特点同知识形态依据有着基础性、决定性意义。各个体育运动项目有着千差万别的不同特点，直接决定了选择及应用教学方法需要有所区别，不能"一刀切"。从知识形态角度来看，受性质、功能制约，各个体育运动项目的知识形态各不相同。教师要考虑篮球运动特点，根据每课时中的篮球教学内容选择正确的教学方法。

再次是学生特点依据。校园篮球教学的服务对象是学生，因此，受教学生的知识能力、思维情感、生理素质以及心理素质等都对篮球教学方法的运用及选择有着最直接影响，有效选择教学方法必须将上述种种因素表现出的特点作为参考，即必须将学生全面、综合、健康发展作为教学方法选择的关键依据。

最后是篮球授课教师个人素质及性格特点依据。受客观因素影响，不同篮球教师在授课技术水平、理论知识掌握程度、性格特点、言语表达能力、心理素质水平、学术成绩、人生经历以及教育层次等各方面都有着或多或少的不同，因此，不同教师在篮球教学方法的选择与应用上，也必然会从自身习惯、侧重点出发，选择在主观层面上最认可的方法，再养成具备个性特点的教学风格。而教师在形成独属于自身的教学风格之后，这种风格将在很大程度上对教师教学方法的选择起到制约作用，并通过教学活动在潜移默化之中对学生的学习风格、人格特征产生深远影响。举例来说，养成了命令式风格的篮球教师更乐于应用诸如谈话式等突出指导性的相关教学方法；而养成了交互型风格的篮球教师，则更乐于应用诸如讨论法等能够对学生互动产生鼓励推动作用的教学方法。

（二）校园篮球教学方法的选择程序

有关校园篮球教学方法的选择程序问题，我国篮球专家学者做出的研究相对较少。因此，本小节将巴班斯基的教学方法选择程序的相关理论作为理论依据，粗略探讨大学篮球教学方法的选择程序问题。

《教学过程最优化》一书中，教育学专家巴班斯基针对最优化教学方法做出了阐释，同样就教学方法优选程序进行了论述，根据巴班斯基的论述成果，教学方法选择程序大致包含三个主要步骤。这一论述结果在校园篮球教学方法的选择程序问题上同样适用。

第一个步骤，要对校园篮球教学方法具体标准以及各种要求做出明确选择。校园篮球教学方法的优选标准，主要包含如下几项：①选择教学方法必须按照校园篮球教学原则指导，以教学规律为前提；②教学方法必须同篮球教学目的及教学任务的有关标准相符合；③教学方法必须同篮球教学内容的有关标准相符合；④选择及应用校园篮球教学方法必须充分考虑受教学生在个性发展上的多元化特点与需求；⑤选择及应用校园篮球教学方法必须充分考虑时间的分配标准。

在校园篮球教学方法的选择程序中，上述标准是有机整体。在具体的选择及应用过程中，篮球教师必须站在整体角度综合考虑，使优选标准整体的积极效用得到最大限度的发挥。上面涉及的标准必须坚持具体化，切忌模糊和抽象化。举例来说，篮球教学方法的选择标准，必须具体且细致，要对教学的任务目的、内容原则、课时时间等做出细致具体的规定，也必须对学生特点、教师素养等做出具体细致的阐述。只有在具体化前提下，篮球教师才能在教学方法的具体选择标准上有更加清晰正确的把握。

第二个步骤，篮球授课教师有必要在不同种类的教学方法上做出充足准备，能够对各种教学方法优势及不足有清晰认知，只有这样才能在选择和运用过程中实现科学安排、周密选择。篮球教学方法的分类复杂且有着强烈的多元化特征。举例来说，根据巴班斯基教学方法分类理论，第二类被称为"刺激学习动机形成的方法"，下属第一小类被称为"刺激学习兴趣产生的方法"，下属第二小类被称为"刺激学习责任感产生的方法"。前者，第一小类的"刺激学习兴趣产生的方法"之下，又包含"学习讨论""设置道德情感体验的情景""认识性游戏""设置引人入胜的情景"等。因此，在教学方法的收集准备过程中，篮球教学授课教师不能仅仅关注教学种类、数量，同时也要深入理解各种教学方法的方式与细节。篮球授课教师能够收集到的教学方法种类的数量以及教学方法分类、教学方法细节理解程度越高，也就对教学方法的最优化选择越有利。

第三个步骤，站在教学整体角度对处于选择范围内的校园篮球教学方法开展分析与比较，确保最优化的选择。这一步骤需要从如下两方面工作着手进行。首先是以选择、应用各种具体校园篮球教学方法为对象开展分析比较，确定其中的可能性。具体来说，要将具象化教学方法设置为纵坐标，将其在教学过程中起到的各种积极效用（如概念形成、技能发展、教学效率等）设置为横坐标，并做出综合对比。举例来说，用"++"表示"问题性探索"的教学方法在"理论知识的形成"教学中所起到的最高程度积极作用，相应地，用"+"表示这一教学方法在"实际知识的形成"教学中所起到的一般性积极作用，用"-"表示其对"实际操作技能、劳动技能形成"所起到的不明显作用。以此类推，其他如"语言""直观""竞赛"等教学方法以及其在教学过程中的各种作用都能够用这种方式构建坐标系表示出来，通过在坐标系中的观察，对各种教学方法进行直接、具体、细致的比较。其次是根据教学条件对选择范围内的篮球教学方法做出比较分析，明确其各自的适用条件、适用范围。具体来说，授课教师在选择教学方法时，要综合、深入分析"语言""游戏""练习""竞赛"等各种教学方法对"教学任务实现""教学内容讲授""学生个性化发展""教师能力配合""时间标准适应"等教学目标的作用。

最后，在完成了上述三个步骤工作之后，篮球授课教师还需要再次结合教学目标、内容、评价以及学生反馈、环境条件等实际状况，严格筛选各种教学方法，并谨慎做出最后决定，最大限度地确保教学方法的选择最优。

三、校园篮球课程教学方法的组合运用

（一）篮球教学方法组合的理论构建

篮球教学方法组合的理论构建就是在"健康第一""以人为本"等教学思想的指导下，以学生的全面发展为核心，以激发学生的篮球学习热情为先导，以篮球技能教学为载体，有机结合一般性练习与专门性练习，然后对构建的教学目标加以确定，根据教学目标和所选教学方法的特征设计教学过程，最后针对篮球教学方法的构建进行教学评价。

以高中为例，篮球教学方法组合的理论构建如图 1-1 所示。

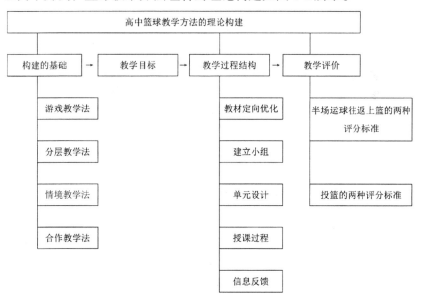

图 1-1　高中篮球教学方法组合的理论构建

1.篮球教学方法组合的构建基础

在篮球教学中，如果只将一种教学方法一用到底，那么教学效果基本不会有明显的提升。有针对性地组合运用各种有效的篮球教学方法，对于提高篮球教学效果具有重要意义。下面主要探讨四种教学方法的组合运用，分别是游戏教学法、分层教学法、情境教学法以及合作教学法。

（1）游戏教学法

时间、场地、学生自身条件等因素都会在不同程度上影响篮球教学的开展，师生之间能否有效互动，学生能否充分掌握篮球技能，都直接受这些因素的影响。为了将这些因素的消极影响降到最低，同时充分发挥这些因素的积极作用，篮球教师将游戏教学法引入篮球课堂上。

作为辅助教学方法的篮球游戏教学法可以使篮球课堂教学变得有趣，可营造活泼轻松的课堂氛围，这样学生就不会因为教学内容重复、教学方法单一而失去学习篮球的兴趣，并在身体与心理上同时抗拒篮球课了。在正式开始教学之前，篮球教师要做一些准备活动，篮球游戏是准备活动的主要内容，通过这个活动，可以使学生达到充分热身的效果，将学生学习的积极性激发出来，为接下来教学工作的开展打好基础，提高课堂教学效率。

在篮球课堂教学中穿插游戏教学法具有重要意义。虽然相比文化课，体育课更灵活、更有趣，但长时间采用几种简单的教学方法，学生还是会觉得枯燥，游戏教学可以改变这个现状。需注意的是，教师需控制好课堂篮球游戏的时间，一般占总课时的30%，可适当增减，视学生的具体情况而定。游戏教学在课堂上的应用如下。

首先，在课的准备部分，教师可带领学生做一些简单的篮球游戏来吸引学生的注意力。

其次，在增加运动量前，教师可安排学生做一些准备性的游戏，以免因运动量增加而引起学生受伤。同时这也能使学生了解接下来要学习的篮球动作，在正式授课时，教师结合之前的热身游戏有针对性地进行讲解和示范，重点指出学生在游戏中出现的错误动作，强调动作做不规范容易引起损伤，以引起学生的重视，保障学生的安全，提高学生的学习效率。

最后，在课的结束部分，教师可组织学生做一些放松性的游戏活动使学生快速恢复心率，放松大脑皮层，避免因身心疲惫而对接下来的学习造成不好的影响。

在篮球课上采用游戏教学法，需注意以下几点。

首先，在开始游戏前，教师要简要说明游戏规则，讲解游戏的过程与方法以及判定胜负的标准，让学生知道该如何做。

其次，教师要合理划分游戏小组，各组水平要基本相当，这样做游戏才有悬念，学生才更有积极性。

最后，教师在做游戏之前要对学生强调热身的重要性，避免学生在做游戏的过程中发生肌肉拉伤、关节扭伤等。

（2）分层教学法

篮球教学要贯彻因材施教的原则，分层教学就是贯彻该原则的具体表现。正处于身体发育关键期的青少年在身体素质、运动能力等方面存在明显的个体差异，而且男女生性别差异也很显著。针对这个客观现象，采用分层教学法十分重要，其能够保证教学的公平性，让每个学生都能接受对自己有益的教育。

在篮球教学中采用分层教学法，充分落实了以人为本的指导思想，教师在教学中对每个学生的特点都密切关注，针对不同特征与水平的学生有针对性地落实因材施教，保证学生受到的教育都是最适合自己的，并且能促进学生每天都有进步。篮球技术比较复杂，也相对灵活，采用分层教学法可以挖掘不同层次学生的篮球天赋和运动潜力，同时也能使学生更加自信地学习。

另外，在篮球课上要公平对待每个学生是比较难的，但采用分层教学法可以最大限度地达到这个要求，每个学生都能找到自己的位置，学生的存在感和满足感会得到提升，身体和心理也会不断健康协调地发展。这也满足了当今社会对全面发展型人才的要求，落实了素质教育理念。学生在校园中建立的自信对其未来的工作、生活都有重要意义。

（3）情境教学法

古希腊著名教育家苏格拉底最早提出情境教学法，该方法是以特定情境内容帮助学生对特定问题加以理解，让学生感同身受，获得直观的感性认识，从而为后续的理性认识提供辅助。这种教学方式是非常考验教师教学能力的，对教师的教学素养有较高的要求。对于学生来说，要在较短时间内理解与掌握知识，尤其是接受重、难点内容，情境教学法不失为一种有效的方法。

在情境教学法的实施过程中，在课堂上具有第一主体地位的学生可以充分发挥自己的主观能动性，教师创造学习环境，学生在特定环境下主动思考、拓展思维，将自己的创造力充分发挥出来。例如，在英语课上，教师通常会安排学生扮演课本中的一些角色，也就是设计简单的课堂情景剧，在这个环境中，学生容易快速进入以英文为主的语言环境中，通过扮演角色，带入情感而学习单词和句子，这能够将学生学习的积极性和主动性最大限度地激发出来，促进课堂教学效率的提高。一般来说，使用情境教学法且在情境设置中，有以下几个方案可供选择：

①生活场景；

②图像展示；

③实物展示；

④语言表达；

⑤角色表演；

⑥音乐带入。

上述备选方案中，图像展示、语言表达以及音乐带入通常被运用到篮球情境教学中。

篮球在我国非常普及，我国的篮球爱好者以年轻人为主，球迷对国内外职业联赛及大学生篮球联赛都很关注。这为篮球教师使用情境教学法提供了可选资源，拓展了情境设置的空间范围，在学生对篮球相关知识有了一定的认识后，课堂上就不需要用很多时间来进行背景介绍了。例如，在投篮教学中，教师如要使用情境教学法，则可先对世界知名篮球运动员中的投篮高手进行简要介绍，吸引学生的注意力，让学生做好学习投篮技术的准备。在具体教学过程中，情境人物投篮的整个动作会在学生大脑中不断重复，教师要适当讲解，准确示范与指导，从而使学生在练习中不断熟练投篮动作。另外，拥有高超技术的情境人物对学生来说是榜样，学生会带着崇拜心理努力练习，向榜样靠近。

（4）合作教学法

每个个体都有独立性，都有自己的独特之处。个体之间是有差异的，每个人的优点也是相对有限的，在学习和生活中，每个人都会遇到这样或那样的问题，而且在解决问题的过程中也会遇到不同程度的阻碍。总之，个人能力是有限的，每个人的学习效率也是有限的，个人发展也在很大程度上受到了限制。这种情况下采用合作教学法能使学生的个人发展上升一个台阶。篮球是集体项目，更需要团队合作，在篮球教学中还要对学生的合作意识进行培养。学生不仅要掌握篮球技能，还要提高思想认识。

合作教学法中的合作包括两个方面：一是师生之间相互配合，共同协作；二是学生之间互相帮助，取长补短。最终的目的都是完成既定目标，促进学生进步与成长。在使用合作教学法的过程中，篮球教师需要注意以下几点。

①学生之间积极互动。在篮球课上，场地、设备及其他相关材料是学生共享的，教师可对奖惩措施进行合理制定，以将学生的积极性与潜能激发出来。在课堂上，教师应针对每个小组的实际情况而设立一个符合该小组的小目标。这能够激发各个小组的学习动力，让小组成员之间相互依赖，积极互动，完成小组目标。

②师生面对面交流。篮球教师的讲解与指导在篮球课堂教学中是必需的。师生之间要有一定的互动，最好能面对面进行沟通与交流，教师帮助学生将正

确的合作方向确定下来，以便学生有目的地学习。

③明确个人责任。各个小组的学生成员都要承担相应的责任，有效完成自己的任务，同时小组成员之间也要相互帮助、相互合作，共同完成本小组的学习任务与目标。

④处理好人际关系。合作教学法可以对学生的人际交往能力进行锻炼。各小组学生有共同努力的方向与目标，只靠个人英雄主义不可能完成小组的学习目标，每个学生都要发挥自己的主观能动性，主动探索解决问题的对策和学习的技巧，同时要主动帮助其他学生或寻求其他学生的帮助，与他人相互合作，共同解决问题，完成任务，在这个过程中，学生的团队合作意识会越来越强，人际交往能力也会得到提高。

⑤小组自加工。小组自加工也就是小组成员之间相互探讨、自我反思。当小组学生在相互合作下将既定问题解决之后，要及时总结与反思，一方面反思自己的个人能力，另一方面反思小组配合。在这个反思的过程中，小组成员都会有所收获，不断成长。这也是合作教学法对学生成长的一个重要意义。

2. 篮球教学方法组合的教学目标

传统教学方法通常是先由教师讲解、示范，学生观察模仿，教师指出问题，然后学生边练习边改善。虽然传统教学方法可以使学生将篮球动作掌握好，但学生在学习过程中很难获得乐趣和美好的体验，甚至会认为篮球运动是无趣的、枯燥乏味的，这会影响学生学习的积极性。教师在分别优化情境教学法、分组教学法、合作教学法及游戏教学法的基础上，将它们组合起来应用到篮球教学中，可以应对不同基础的学生和不同的教学环境，使教学更有针对性、目的性、更有效率。这样既能使学生更有效地掌握篮球技能，更好地实现身心健康发展，又能促进学生人际交往能力的提高和学习兴趣的增加。对多种教学方法的优化组合运用可使得篮球课变得丰富多彩，这样自然也会提高教学效率和教学质量。

3. 篮球教学方法组合的过程方法

篮球教学方法的优化模式如图 1-2 所示。

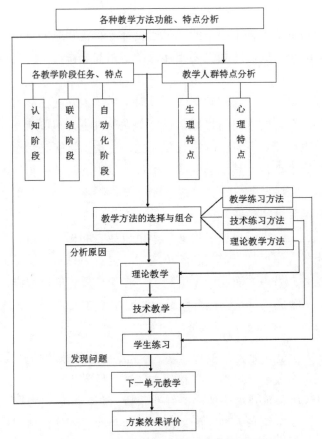

图 1-2　篮球教学方法的优化模式

具体而言，篮球教学方法组合的过程包括以下几个环节。

（1）定向优化教材

定向优化教材必须保证既不改变教学大纲规定的教学任务、教学目标及教学要求，又不改变教学内容。在这个基础上，教师要优化升级篮球教学内容，在每节篮球课上合理分配零散的知识点，让学生自觉做好课前预习，并在课堂上积极配合教师，用心学习。教师在编写教案的过程中还要总结课堂内容，并组织实践活动使学生能够灵活应用课堂所学的知识与技能。

在篮球教学中，教师以班级学生的普遍接受能力为依据对教学进度进行控制，在上每节课之前都要有详细的教学计划，并在结束一节课时将下节课要教的内容告知学生，给学生布置查找相关资料的时间，让学生预先了解即将学习的新动作，形成感性认识。学生只有课前做好预习、课上用心学习、课后及时总结归纳和复习，才能牢牢掌握篮球知识与技能，并提高自己的自学能力与学习效率。

（2）建立合作学习小组

"组间同质，组内异质"是教师划分学习小组必须坚持的一项重要原则，每个学习小组的成员之间要保持相当的水平，即使有差别，也要保持在合理的范围内。这样的分组有利于建立"同组互助、异组竞争"的机制，即小组成员之间相互合作和小组之间展开良性竞争，使合作和竞争相辅相成、协同发展。小组成员之间只有相互合作，才能提高本组的战斗力，才能在与其他组竞争时取得优势，而小组之间的激烈竞争又会激发小组成员的团结精神。

在分组教学中，每节课结束前，教师可以每组学生的课堂表现为依据来排列名次，并且在期末考试时，在总成绩中将日常排名、分数计入其中。学习过程和学习成绩是小组评分的两个组成部分，其中学习过程占40%，学习成绩占60%。在学习过程评定中，主要内容包括以下几方面。

①课前预习成果汇报；

②动作学习规范程度；

③小组合作学习效果；

④组内学习协调效果；

⑤课后教案总结情况。

（3）教学单元内容设计

在开始教学前，教师从宏观视角出发来整理教学大纲规定的教学内容，同时对一般教学内容和重点教学内容进行区分。教学大纲中要求学生必须掌握且达到一定应用水平的一般都是重点教学内容，教师要采用科学合理的方式来传授这部分内容，学生也要努力掌握好重点教学内容。

在划分好一般教学内容和重点教学内容后，教师还要对教学顺序进行科学制定，在教学过程中要连贯、系统地教学，要有计划地开展教学。在技术教学中，教师可先讲解动作结构，进而向动作原理引申，最后对该技术动作的运用方式进行讲解与示范。教师要在纵向递推式延伸的理念下进行技术动作教学，使学生在掌握技术的同时也能拓展知识面。教师要循序渐进地推进教学环节，各个环节的衔接要密切，这能够保证学生逐步理解与掌握教学内容。

（4）授课过程

①三步上篮教学。用四次课的时间教"三步上篮"，教学方式是传统教学法、分层教学法和合作教学法（图1-3）。

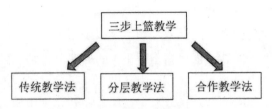

图 1-3　三步上篮教学

首先，将学生分成以下三个层次。

A 层：学生有一定的篮球基础，而且在之前的两个技术学习中有较好的成绩。

B 层：学生之前没有正式接触过篮球，但在之前的两个技术学习中有较好的成绩。

C 层：学生篮球基础薄弱，在之前的两个技术学习中也没有取得好成绩。

完成分组后，教学程序如下。

a. 第一次课：传统教学法。学生在教师的带领下做热身练习，然后有 5 分钟的自由活动时间，自由活动后，教师将学生集合起来，对三步投篮技术动作进行简单介绍，然后示范动作，带领学生做分解练习，具体分解成四个动作，分别是跨步后起跳、跨步后接球、运球以及起跳投篮。

b. 第二次课：传统教学法和分层教学法。学生在教师的带领下做热身练习，然后教师再次完整示范三步上篮动作，引导学生对上节课的分解动作进行复习。每个层次的学生都要练习分解动作。教师检查和指导：对 B、C 层的学生要特别留意，要及时纠正他们出现的偏差，给予更细致的指导；对于 A 层的学生，则要适当提高要求，增加难度。

本节课运动量较大，所以在课程结束时，教师要带领学生做好放松活动，以缓解疲劳。

c. 第三次课：分层教学法和合作教学法。学生在教师的带领下做热身练习，教师从 A 层学生中找一个动作掌握较好的学生做规范的动作示范，再在 C 层学生中找个动作掌握较差的学生做示范，教师对比分析两者的动作差别及形成原因，并指出应如何避免和改正错误。三组学生在对上节课的分解动作进行复习后，开始在教师的带领下练习连贯的三步上篮动作。在三组学生的练习过程中，教师对三组学生的练习情况重新做评价，然后根据练习质量对他们重新进行分组。每个组至少要有一个篮球技术好的学生，然后在各个组平均分配其余学生。每个组篮球技术好的学生要帮助组内基础较差的学生，适当给予指导。在课程结束时，教师带领学生做一些放松活动。

d. 第四次课：传统教学法和合作教学法。学生在教师的带领下做热身练习，然后教师再次完整示范三步上篮动作，并且对下面几点进行强调：

第一，在左脚踏上罚球分界线的地方接球，女生或身材矮小的学生可适当提前；

第二，起跳后快速举球过头顶，起跳高度与瞄准时间直接相关，高度越高，时间越长，起跳后伺机果断出球；

第三，自然落地，身体不要过分前倾，屈膝缓冲。

强调完以上三点后，学生在教师的带领下进行新一轮练习，每组学生分开练习，采取小组负责制，组内学生相互帮助和监督，对动作不规范的学生要重点指导。教师在一旁观察，总结问题，然后将学生集中起来，说明学生在练习中普遍存在的问题，指出解决方法，之后各组学生继续练习。在课程结束时，教师带领学生做一些放松活动。

②单手肩上投篮教学。用三次课的时间教"单手肩上投篮"，使用传统教学法、情境教学法和游戏教学法（图 1-4）。

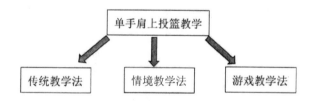

图 1-4　单手肩上投篮教学

教学过程如下。

a. 第一次课：传统教学法。学生在教师的带领下做热身练习，然后教师对原地单手肩上投篮的动作要领进行讲解。之后教师示范完整动作，学生模仿教师进行自主练习，教师给予指导。在课程结束时，教师带领学生做一些放松活动。

b. 第二次课：传统教学法和情境教学法。在本次课中使用情境教学法可以巩固学生所学的投篮动作，提高其投篮技能水平。

学生先在教师的带领下做热身练习，然后有 5 分钟的自由活动时间，很多学生会利用这个时间练习投篮，可见学生在投篮方面有较高的积极性。自由活动结束后，教师带领学生对上节课所教的原地单手肩上投篮动作要领进行复习，并且随机挑选学生让他们做示范，有针对性地指导与纠正学生示范中出现的问题，如肢体不协调、手指力量弱等。

教师将学生分成三组，每组都有不同层次的学生，组长由技术水平高的学生担任，组长对本组的学生负责。在小组各自学习的过程中，教师仔细观察学生的动作规范与否，及时指出学生的问题。各组学生完成本组学习任务后，在教师的组织下做放松练习。

c.第三次课：传统教学法和游戏教学法。学生先在教师的带领下做热身练习，然后对上节课所学的动作进行复习，并练习无球投篮，使动作不断趋于规范。学生自由练习 10～15 分钟，然后教师按照上次课的分组，组织三种规则的单手肩上投篮比赛，三组学生都要参赛。规则如下：

第一，各个小组的学生均投两次篮，小组进球数最多的一组获胜；

第二，规定投篮时间，各组学生轮流投篮，每人每轮至少进一球，规定时间内投篮数最多的一组获胜；

第三，规定投篮个数，各组所有学生都要参与，用时最短的一组获胜。

经过三种规则的比赛后，教师对成绩进行汇总，然后排名。在课程结束时，教师宣布比赛结果，然后对单手肩上投篮技术动作的要点再次进行总结与强调，最后学生做一些放松练习。

（5）教学信息反馈

在一节课中要对多种组合教学方法进行应用，这对教师的教学能力提出了较高的要求。为了更顺利地开展和改善教学，教师需要了解外界的反馈。通常有来自以下几方面的反馈。

①授课教师直接与学生交流，了解学生的感受，学生作为教学对象，他们对教学过程的感受最客观、真实，教师总结学生的意见或建议，对学生的切实需求加以了解，进行针对性的改善。

②在篮球课堂教学中，授课教师邀请其他教师旁听，听课教师对教学过程及学生面对不同教学方式的反应进行记录。

③授课教师在每节课结束后进行自我总结。回想学生面对不同教学内容与方法的反应，然后对教学计划进行调整与完善，让学生更加容易接受和掌握知识。

（6）建立与完善教学评价体系

篮球教学方法优化组合的应用效果与教学评价体系有直接的关系。在篮球教学评价中，应将教师评价、学生评价等多种评价方式结合起来运用，不仅要看重教学结果，还要关注教学过程。篮球教学评价体系科学合理，则能有效促进学生的学习。在评价体系的构建过程中，要适当地将个人评价升级为小组评价，将竞争模式转变为合作模式，鼓励小组合作学习，培养学生的团结意识与合作能力。另外，教师还可在每个教学阶段组织阶段性测验，对学生的学习情况要及时掌握,有针对性地指导个别学生存在的问题,让每个学生都能在原来的基础上获得最大限度的进步。

4. 篮球教学方法组合的评价标准

教师通过分析班级中男生和女生的成绩,对一套新的综合评价标准进行了制定。旧评价标准中低分段和高分段中两个分数之间的时间差都是 0.5 秒,新的评价标准对这一现象进行了改善,与人体体能的客观标准更加相符。新标准中低分段两个分数之间的时间差较大,因为在刚开始运动的阶段学生比较容易提高成绩。但随着不断靠近人体体能和运动极限,学生就很难提升成绩了。所以新的评分标准具有低分段达标成绩间距大、高分段达标成绩间距小的特征。

(二)篮球教学方法组合应用产生的诸多影响分析

1. 对学生学习兴趣和学习态度的影响

在篮球教学中采用合作教学法,能够使学生之间的沟通与交流增加,使学习氛围更加浓厚、和谐。学生处于这样的环境氛围中,学习兴趣和积极性也会提高,而且在课后或者校园体育文化活动中,学生也会积极参与篮球项目的相关活动,对篮球运动动作、战术和规则的掌握不断熟练。

篮球教学相比其他文化课程教学较为灵活、轻松,这也导致学生上课时不能端正态度,敷衍了事甚至打打闹闹。但是教师通过应用篮球教学方法组合模式,可以调动学生参与课堂学习的积极性,使学生全身心投入学习和练习中,学生还能主动总结自身的问题,积极弥补缺陷,追求进步。

2. 对学生学习热情的影响

当前,素质教育已经逐渐深入人心,素质教育理念要求学校教学不仅要向学生传授知识,还要对学生的个性、人际交往能力、解决实际问题的能力等综合素质进行培养。传统教学与评价对学生掌握知识的水平也就是学习结果过分重视,而把多种教学法加以组合运用,并由此对新的评价体系进行构建,可以有效实现教学效果的最大化和学生提升的最大化。以科学合理的考评方式与标准来考核与评价学生,对比考核成绩和最初的诊断性测试成绩,可以发现学生明显取得了进步。获得进步的学生会更加信心十足地学习,学生的学习热情能够得到充分的激发。

3. 对学生掌握篮球知识和技能的影响

优化重组教学方法有利于促进学生更好地掌握篮球理论知识与基本技能。在传统篮球教学中,教师先讲解动作要领再示范,学生先模仿然后练习,整个过程是机械的，毫无新意，而且如果是教比较简单的篮球动作，那么基础好的学生就不会认真学习，注意力分散；如果教的内容有一定的难度，如重、难点教学内容，则基础较差的学生会跟不上节奏，无法迅速领会要点，逐渐失去对学习的兴趣与信心。

篮球教师面对的班级学生各不相同，在篮球方面主要体现在基础水平不同、经验多少不同、兴趣爱好不同等，对此，可在篮球教学中同时采用分层教学法和游戏教学法，使不同层次学生的学习需求得到最大限度的满足，使基础较差的学生产生对篮球学习的兴趣，使基础好的学生有机会获得更多的进步。在传授新内容之前，教师要强调提前预习的重要性，学生提前预习可对所学内容形成感性认识，在课上认真听教师的讲解和观察教师的示范后，这种感性认识会增强，然后通过自己的不断练习，对篮球的认知可由感性认识上升到理性认识。在情境教学中，学生可尝试教师角色，指导与帮助基础较差的学生，能够将篮球技术动作更牢固地掌握。

4. 对班级凝聚力的影响

微型课堂、小组学习、合作学习等是学生掌握学习内容、完成学习目标的几种主要方式。学生在合作学习的过程中，不断交流、互动，相互帮助，出现积极正面的心理活动。在小组合作学习中，学生一方面要实现个人学习目标，另一方面还要与小组其他同学相互配合，共同努力，以完成小组学习任务和目标。因此，作为小组成员，每个学生都要承担起相应的责任及履行相应的义务，这能够让学生认可发现的价值和意义，使学生产生成就感、满足感并更加积极地学习，进而也能提升班级的凝聚力。

5. 对学生综合运动能力的影响

篮球运动的每个动作看起来都是连贯、流畅的，看似简单易学，实际上当亲身参与其中就会发现这些动作不容易掌握。学生的动作质量良莠不齐，与个人身体素质、心理素质、练习时间、练习方法等诸多因素有关。优化组合教学方法能够使这些因素的积极作用得到最大限度的发挥，同时也能将这些因素的不利影响降到最低，使学生身心素质得到提高，并在良好身心素质的基础上通过科学的练习方法去学习和掌握篮球技能，进而提高综合运动能力。

6. 对学生课堂满意度的影响

传统篮球教学方式以灌输为主，尽管这也能使学生学有所获，但是无法得到学生的认同。而在篮球课堂教学中优化组合多种教学方法，可使学生掌握课堂主动权，学生经过自己的努力，同时在教师的指导和同学的帮助下，慢慢靠近预期目标，心理满足感油然而生。这可以使学生对课堂的满意度不断提升，进而激发学生的学习热情，提升学生学习的自主性，提高课堂教学效率。

此外，在情境教学法的实施过程中，学生通过角色扮演，可以对篮球技术动作有更深入的体会，同时也可以体会教师的不易，从而在以后的学习中更好地配合与协助教师完成教学目标。

7. 对学生学习成绩的影响

优化组合教学法并不是简单罗列或叠加几种不同的教学方法，而是在全面分析教学内容和学生需求的基础上适当选择几种科学合理的教学方法，在不同教学阶段或针对不同教学内容、不同学生而采取相应的教学方法，如此便能取得 1+1 > 2 的教学效果。教师要提前筹划与设计课堂上的每个环节，对学生可能遇到的问题都要提前考虑，这样能大大提高课堂教学效率。同时，这种教学模式能增强学生的感性认识，提升学生的理性认识，确保学生掌握每项教学内容。学生经过如此良性循环，学习成绩必然会显著提高。

（三）提高篮球教学方法组合应用效率的建议

①在篮球课堂教学中，教师要对教学内容、学生身心素质、学生运动水平进行充分分析，从实际情况出发选择合理的教学方法，并优化组合加以应用。教师要充分了解不同层次学生的需求，进行针对性教学，并在评价环节制定新标准，构建新的指标体系，提高评价的效果。

②在对不同教学方法进行优化组合之前，教师要对各个方法的用途、优劣进行分析，还要深入研究篮球教学内容，从而充分发挥不同教学方法的作用。此外，教师不仅要完善自己的篮球专业知识，还要对交叉学科和辅助学科的内容加以学习，不断充实自己，提高综合素养，从而更好地教育学生，让学生对每一个知识点的了解都能很透彻。

③篮球教师要对篮球教学内容进行分类，针对不同类型的教学内容选用相应的教学方法，还可以创造新的教学方法，将传统教学法与新方法结合起来运用，取长补短，提高教学效果。

第二章　校园篮球课程教学中学生学习行为与方法指导

篮球教学的效果不仅取决于教师的"教"，还取决于学生的"学"，新课程标准要求教师在实践教学中，要体现学法指导的重要性，因此在篮球课程教学中，要从注重教师的"教"转为更加关注学生的"学"，帮助学生掌握更多学习的方法，让学生自主学习，从而锻炼其创新思维、独立思考能力，提升其综合素质。本章主要研究的是校园篮球课程教学中学生学习行为与方法指导，内容包括学生篮球课程学习行为分析、篮球课程教学中学生良好学习行为的培养、不同年龄阶段学生的体育学习方法、教师对学生篮球学习方法的科学指导以及校园篮球课程教学中学生学习方法的新尝试。

第一节　篮球课程教学中学生学习行为及其科学培养

一、学生篮球课程学习行为分析

（一）篮球课程教学中学生的学习动机分析

理论上而言，动机是引起学习行为的必要条件，对学生来说，只有先产生了动机，才会学习篮球课程，这是必不可少的动力因素。学生对篮球的认知、学习态度、学习效率和最终学习效果在很大程度上由学习动机决定。

学生的学习动机是多元的，学生学习篮球课程主要是为了强身健体、满足兴趣爱好、考试过关，这说明学生比较重视自身健康和兴趣爱好的满足，也说明学生对篮球教学在强身健体、满足兴趣爱好方面的功能与作用比较认可。为了应付考试而学习篮球的学生也比较多，这部分学生学习动机不端正，没有认清篮球运动的本质，学习的态度也是消极的，这会导致他们被动参与篮球学习，学习效果较差。

此外，也有一些学生为了缓解学习压力、提高心理素质水平和提高社会适应能力而参与篮球学习，这部分学生比较深刻地掌握了篮球教学的精髓，他们通过篮球运动来引导心理发展、调节压力、增强协作能力，从而为适应社会生活打好基础。

总之，对篮球教学及其重要作用有正确认识的学生占绝大多数，对篮球深层内涵有所领会的学生也有少部分。但也有一部分学生对篮球教学的功能认识不到位，被动学习。

学生学习篮球课程的动机有很多，其中最重要的是满足兴趣爱好，学生只有对篮球运动感兴趣，才会主动学习和探索，自觉体验篮球运动，逐渐掌握篮球知识和技能，并实现身心健康、思维拓展、技能提高等综合素质的发展。

（二）篮球课程教学中学生的学习态度分析

从心理学角度来看，态度是一种心理，它对人的行为有直接的影响，人们往往用态度决定行为。学生的学习态度是认识与行为的综合体现。在篮球教学中，学生的学习态度直接影响其学习行为、运动行为等。

相关调查资料显示，学生态度不太积极的学生占绝大多数，这也导致他们学习的主动性较差，学习效果不理想。学生学习态度不积极的原因主要有以下几点。

第一，学校篮球设施落后，学生在参与的过程中体验不佳，所以学习的积极性较差。

第二，篮球课堂上教师所选的教学内容单调，理论知识尤其枯燥，教学死板，教学方法不灵活，所以学生在学习中提不起兴趣，学习积极性减弱。

第三，篮球教师的篮球素养与教学能力比较有限，部分教师没有深刻理解篮球运动的价值，对篮球运动也没有表现出极高的热情，所以对学生造成了不好的影响，导致学生不能很好地理解篮球精神，也学不好篮球知识和技术，因为学生学起来没有自信。

第四，学生的思想、价值观、行为方式等都会受到社会环境的影响，社会上的那些不良风气干扰了学生的思想，导致学生不管学什么，态度都不端正。

（三）篮球课程教学中学生的学习策略分析

1.学习策略的概念及其形式

学习策略是学生在学习过程中用来保证有效学习的规则、方法、技巧及其调控措施。外显的学习策略主要表现为学习程序与学习步骤，内隐的学习策略主要体现为学习规则系统。

策略包含认知策略、元认知策略和情感策略三种具体形式。其中处于基础位置的是认知策略，处于最高位置的是元认知策略，属于支持性策略的是情感策略。

（1）认知策略

认知策略是指学习者为了更有效地识别、理解、保持和提取知识而采取的措施。

（2）元认知策略

元认知策略是指学习者为了体验和监控自己的认知过程而采取的措施。元认知策略还可细分为以下三种类型。

①计划策略。学生提前设计与安排自己学习目标和学习过程的策略就是计划策略，主要目的是明确学习目标，了解重、难点内容和可能遇到的问题，提高学习的针对性，避免盲从学习。

②监控策略。学生在学习过程中参照目标有意识地监控自己的学习进程、学习方法以及学习效果的策略就是监控策略。学生可以进行自我监督，也可以让同学与教师来监督，不管是自我监督，还是他人监督，都要及时通过反馈来调整学习状态。

③调节策略。学生为达到最佳学习效果而依据反馈信息调整自己学习计划的策略就是调节策略。学生通过反馈可以认识到自己的不足，了解自己采用的学习策略中有哪些是不合理的，有哪些对学习效果是没有帮助的，从而进一步筛选学习策略，改善自己的学习行为。

（3）情感策略

情感策略主要受动机、态度等因素的影响。

2. 学生学习篮球理论知识的渠道

相关调查资料表明，在篮球理论知识学习方面，课堂学习并不是学生的主要学习渠道，网络媒体才是，而且越是高年级的学生，越喜欢利用网络资源来学习篮球知识。图书馆是学生学习篮球知识的传统渠道，但现在采用这一渠道的学生越来越少，主要原因是现在是信息时代，学生利用网络媒体来获取自己需要的信息是非常便捷的。

篮球教学通常以技术为主，理论知识往往都是穿插讲解或一带而过的，图书馆又缺少这方面的书籍，而且查找起来比较耗时，因此学生会选择更先进、快捷的渠道来获取篮球相关知识。

篮球教师要重视篮球理论教学，并将有效的学习渠道推荐给学生，丰富学生对篮球的认知，提高学生的篮球理论素养，为篮球技术的学习打好基础。学生要自觉利用网络资源学习篮球知识，不断充实与完善自己。

3. 学生掌握篮球技术的途径

通过对相关调查资料的研究发现，课堂学习、课后练习、课后活动等是学生学习与掌握篮球技术的主要途径。学生在技术学习中，对枯燥的基本练习方式产生了疲劳感，喜欢带有竞争性和刺激性的对抗比赛。

为了提高学生学习与掌握篮球技术的效果，教师应重视对多元化学习方式的设计与优化，要鼓励学生参与丰富多彩的篮球活动，对学生的自主学习能力和实践能力进行培养。教师在课堂教学策略的设计中，应对不同阶段的教学目标、教学内容及教学要求进行综合考虑，灵活设计，鼓励学生自主学习，提高学生参与的主动性，使学生在亲身参与中体验篮球的魅力。

为帮助学生更好地掌握篮球技术，需从以下几方面努力。

第一，成立学习小组，以学生为主体开展教学工作，对学生自主学习与小组合作学习进行引导，使小团体与个人的作用得以充分发挥。比如在掩护配合教学中，教师将基本动作要领讲解完后，可以先让学生根据自己的观察与经验来讨论，发挥想象力，然后各小组同时进行练习。如果学生在练习中找到了适合自己的掩护配合方法，要及时与同学和教师分享，教师在判断该方法可行后要对学生的自主学习行为加以肯定，并鼓励其他学生找到更多的配合方法。小组学习方式可以使学生更积极地学习，增加学生之间的交流互动，给学生独立思考的空间，使学生形成良好的合作意识与能力，并养成自主学习的好习惯，同时这也是对学生学习动机与实践运用能力进行培养的好方法。

第二，教师要善于运用情境教学法，如对一些比赛情境进行设置，或提出一些关于篮球技术的问题，启发学生思考。学生只有善于动脑和思考，才能有所收获，进而提高学习效果。教师提的问题要与篮球技术有关，要有一定的认知梯度，设置情境要与学生熟悉的优秀篮球运动员有关，在这个基础上启发学生思考，引导学生对所学动作有更深入的了解，并应明确在何种情境下可运用所学动作。例如，在持球突破技术的教学中，教师先播放篮球明星参加比赛的精彩视频，让学生重点观察球星如何突破、有哪些动作变化以及突破技术运用于哪些防守情况下等，学生在观看视频的过程中注意力高度集中，学习热情高涨，观看后跃跃欲试，主动参与练习。教师通过创设问题情境或其他情境，可将学生的求知欲有效激发出来，并使这种兴趣维持较长时间。创设比赛情境也是一种有效的教学方法，如在比赛中处于劣势时，要采取哪些战术扭转局面。教师应先具体分析各战术的运用情况，然后让学生自主练习，同时要指出学生在实际运用中出现的问题。这种教学方法可以有效提高战术练习效果，提升学生对篮球比赛的认识。

第三，鼓励学生自创练习方法。在篮球技术教学中，学生习惯在教师示范之后做模仿练习，也就是按教师的练习方法进行练习，教师也没有意识到应该创造一些更适合不同篮球水平学生的练习方法。学生长期模仿教师的方法进行练习，难免会觉得单调枯燥，失去兴趣和积极性。事实上学生练习的方法有很多，除了课堂上教师演示的方法，学生还能从多种途径学到有用的练习方法。只有练习形式丰富多样，学生才会一直保持较高的积极性和较浓的兴趣，才会取得较好的练习效果。学生在篮球学习中只有将自己的主观能动性充分发挥出来，主动寻找适合自己的练习方法并长期坚持，才能获得更大的进步与发展。例如，在弹跳力练习中，教师示范一种常规练习方法，学生根据自己的知识与经验提出自认为比较好的两种练习方法，然后分组练习，三种练习方法各尝试一次，对比练习效果。在篮球课堂上，教师要给学生留出一定的时间或提供机会让学生主动表现，在学生对练习方法进行自主创编与设计时，教师应明确提出创编要求，准备好必需的器材，让学生按要求创编，创造性地进行练习。这样能提高学生学习的兴趣与积极性，并获得良好的练习效果。学生自主设计、自主学习与练习还能不断提高其知识运用能力和创造能力，这也是自主学习方式的一个显著优势。

第四，让学生从被动学习转变到主动学习。在篮球教学过程中，教师不能对学生的创造性进行过多束缚，要尽可能让学生按自己的思维去自主学习，教师主要起指导作用，关键是要让学生学会学习、掌握学习方法，并对其学习能力进行培养。以全场紧逼战术教学为例，教师采用多媒体手段播放相关教学视频，根据视频内容分析全场紧逼战术的特点，并将位置示意图详细画出，然后分组，一般分成两个练习小组，各小组练习时，教师主要发挥协助、指导和纠错的作用。学生通过自主练习，能够对全场紧逼战术的分工和具体打法有清楚的认识。这种教学方式可以转变学生被动学习的传统方式，让学生主动学习，并不断提高学习兴趣，使学生更好地掌握学习内容。教师要辅助学生，及时指出学生的问题并帮助其改正，使学生更好地完成学习目标。

4. 监控策略的运用

在运用监控策略时，很多学生都会让同学、朋友来监督与帮助自己，可见同学之间能够产生较大的影响力。除同学、朋友外，教师也是主要监督者，因为学生在学校教育环境下和教师、同学的联系最为密切。

在篮球教学中运用监控策略，要重视培养学生的元认知能力。学习是一个认知过程，这个过程包含的因素有感知、注意、记忆和理解等。对元认知能力的培养往往被教师和学生所忽视，缺乏元认知能力的学生在篮球学习中很难对自己的学习过程进行调节或控制。从元认知角度来看，学生的篮球学习活动不仅是识别、加工和理解的过程，还是自我监控和调节的过程。可以说在学习策略中，元认知是最有效的核心体现。

学生在长期学习中积累的学习经验是其元认知能力的主要体现，但只靠积累学习经验来提高元认知能力是不够的，教师应对学生这方面的能力进行指导与训练，对学生在自主学习中养成的不良行为习惯也应予以纠正。在篮球教学中，学生如果拥有良好的元认知能力，那么其就能够对自己的智力特点有清楚的认识，并能以学习任务、要求为依据对适合自己的学习计划与方案进行设计，在自我学习过程中可以较好地监控与调节自己的学习行为，并主要向他人寻求帮助，根据学习效果和相关反馈信息对自己的学习计划方案及时进行调整和修正，主动改正不良学习习惯，不断提高学习效果。这样的学习方式是明确的、自主的、有效的，与传统上盲目的、低效的学习模式完全不同，由此可见元认知学习策略的重要性。为充分发挥这一学习策略的作用，需做好以下几方面的工作。

（1）对学生的反思习惯进行培养

学生通过反思，可以对自己的学习过程、学习思维方式以及学习方法有清楚的了解，并能发现自己的不足，有针对性地进行自我调控。学生还可以反思自己的技术动作，如在学习假动作时，思考为什么身体重心不能太高？应该怎么协调头、肩及手臂的动作？怎么样做效果更好？教师要引导学生反思与讨论各种技术动作问题，使学生养成自觉反思的习惯。

（2）指导学生自我评价

学生可以从实际情况出发，参照之前制定的学习目标，对比学前和学后的自己，看自己是否取得了进步。一味与其他同学作对比是不可取的。学生要善于自我总结，肯定自己的进步与成绩，正视自己的不足，对那些影响学习效果的不良学习行为要及时改正，总结时不能只是简单地归纳与整理动作技能，还要设定新的学习目标。教师要指导学生对学习策略及时进行调整与完善，并应对学生的学习态度与学习习惯给予更多的关注与重视。

（3）指导学生自我奖惩

教师要指导学生建立自我激励机制，使学生的主观能动性得到最大限度的发挥。学生可以从自身情况出发对分目标进行设定，再选择符合自身条件和可以落实的自我奖励方式，如休息奖励、物质奖励等。当完成一个小目标时，学生可以给自己适当的奖励，这不仅有助于促进学生学习行为的不断强化，让学生通过坚持不懈的努力而取得更大的进步与优异的成绩，同时也有助于促进学生自主学习能力和自我监控能力的提高。

（四）篮球课程教学中学生的学习习惯分析

1. 学生在篮球课前的准备情况

在篮球课堂教学中，学生的学习效果与其课前准备有很大的关系，课前准备充分，学生容易跟上教师的讲课节奏，从而完成学习任务，达成学习目标。调查发现，很多学生课前不做准备，课上完全被动学习，课前充分准备的学生非常少，可见学生预习意识不强，没有认识到课前预习的重要性。

在新学期的第一节篮球课上，教师要明确指出本学期的教学目标，然后引导学生根据教学目标对自己的学习计划进行制订，学习计划中要包括学习内容、学习方法、学习阶段与时间安排、监控策略等。这样学生就会在每节课之前做一些有针对性的课前准备。

在每节课后，教师都要告知学生下节课要教什么，提前布置一些学习任务，让学生自己查找资料，或与其他同学交流讨论，做好充分的准备。在下节课上课之前，教师先查问学生，然后开始正式讲课，这能够有效提高课堂教学效率，使课堂教学更有深度。

2. 学生在篮球课后的练习情况

（1）学生在课后是否参与篮球练习

在篮球教学中，练习是不可忽视的重要学习方式，是学生掌握篮球技术的必要手段。学生只有坚持练习，才能熟练运用篮球技术。

相关调查资料表明，部分学生愿意在课后主动参与篮球练习，他们对篮球运动比较感兴趣，而且也有一定的基础能力，希望通过不断的练习来提高自己的篮球运动能力和技术水平，同时促进身心健康发展。

另外，有一大部分学生愿意在空闲时间按学校或教师要求参与篮球运动练习，这部分学生只是为了完成教师布置的任务，自觉性和自主参与意识较差，对课后练习的重要性缺乏充分的认识。

此外，也有少部分学生在课后完全不参与篮球练习，这部分学生的篮球意识薄弱，缺乏对篮球运动的兴趣，也没有认识到篮球运动对身心健康的重要性，所以不参与课后篮球训练，只在课上被动学习一些基本知识与技术。

总体而言，学生在课后参与篮球训练的意识不强，态度不积极，没有养成好的习惯，造成这一问题的原因主要如下。

第一，学生的文化课较多，学习压力大，参与篮球训练及其他体育活动的时间被挤压。

第二，学生自认为没病就是身体健康，不需要通过篮球锻炼来强健身体。

第三，学校篮球基础设施有限，学生的训练需求得不到满足，所以训练的热情逐渐减退。

（2）学生在课后参与篮球练习的时间

学生在课后的篮球练习效果与其练习时间有直接的关系。相关调查资料显示，在参与课后篮球练习的学生中，每次练习时间为 30～60 分钟的学生占较大的比例，每次练习时间小于 30 分钟的占少数，每次练习时间大于 90 分钟的也有一小部分。从调查结果来看，学生课后参与篮球练习存在以下两个问题。

第一，次数少，时间短，这也是学生篮球基础不牢固、技术动作不熟练的主要原因。

第二，次数多，时间长，课后用太多的时间参与篮球练习，会对文化课的学习造成不好的影响，而且也容易导致身心疲劳。

针对上述问题，学校和教师要对学生的课后篮球练习进行恰当的指导，调整各个班级的活动课时间，合理安排各年级、班级的篮球练习时间，每天要求不同的班级参加篮球活动，严格检查，保证质量。为了满足学生的练习需求，还要合理分割篮球场地，配备充足的设备，充分发挥学校篮球场地设施的作用。

在篮球学习与练习的过程中，动作记忆法发挥着非常重要的作用，教师要注意加强这方面的训练，以有效指导学生。在动作记忆强化训练方面，学生需注意以下两个要点。

第一，对规范的篮球技术动作要有正确的认识，对影响有效记忆的主要因素要有充分的认知。学生要以良好的心态去学习篮球动作技能，并注意体会篮球技巧，理解每个动作的技术原理，相比于机械记忆，在理解基础上的记忆更深刻，效果更好。学生还要通过对比规范动作记忆与大脑中错误的动作表象来进一步加深对正确动作的记忆，并通过反复练习来巩固记忆、熟练掌握篮球技术。

第二，了解复习的重要性，通过复习来对抗遗忘。运动学习的遗忘规律在很大程度上不同于文字学习的遗忘规律，相对来说，和文字信息的遗忘相比，肢体运动的遗忘要慢一些。

"先快后慢"的遗忘规律是在艾宾浩斯遗忘曲线中揭示的，在篮球教学中，教师要根据学生的理解能力将这个规律介绍给学生，使学生明白巩固练习和复习的重要性，并依据这个规律来合理安排巩固练习的内容与时间，以增强对篮球技能的记忆，并保持更长的时间。

二、篮球课程教学中学生良好学习行为的培养

在篮球教学中，教师对学生的指导要体现个性化、差异化，因为每个学生都是不同的个体，只有在承认差异、尊重差异的基础上进行指导，才能使每个学生都获得进步。教师应及时反馈学生的篮球学习情况，让学生对自己的优点、不足有明确的认知，并帮助学生改正缺陷，提高学习效果。

（一）对学生的学习动机与兴趣进行培养

对学生来说，再好的教师和教材也比不上"兴趣"，这才是最好的教师。在篮球课程教学中，教师首先要激发学生学习的动机，培养学生学习的兴趣，让学生出于对这项运动的热爱而学习篮球技能和参与篮球锻炼，并在日常体育锻炼中，将篮球作为首选内容，使这项运动成为学生生活的一部分。

（二）对学生运用学习策略的能力进行培养

篮球教师在给学生传授知识与技能的同时要注意培养学生的学习能力，使学生知道可以通过什么途径获取知识，这样即使没有教师的指导，学生也能从容应对，自主学习。对学生来说，掌握学习策略比掌握教师传授的知识更重要，只有将各种有效的学习策略熟练掌握，学生才能在自主学习中迅速获取知识。在培养学生学习能力的同时，教师还应针对学生的个体差异进行针对性指导，找到适合不同类型学生的学习策略，并引导学生在实践中应用这些学习策略，以减少学生自主学习的随意性和盲目性。为了使学生更好地运用各种学习策略，教师还要注意培养学生的情境化能力和迁移能力，从而不断提升学生运用学习策略的能力和技巧。

（三）对学生良好的学习习惯进行培养

篮球运动在促进身心健康发展、培养社会适应能力、陶冶情操以及提升综

合素质方面发挥着举足轻重的作用。而只有学生长期坚持参与这项运动，这些作用才能实现。良好的学习和锻炼习惯是篮球多元功能与价值得以实现的重要保证。教师要加强对学生良好学习习惯的培养，使篮球运动真正融入学生的日常生活中。

第二节　不同年龄段学生的体育学习方法及其科学指导

一、不同年龄阶段学生的体育学习方法

青少年学生的身体和心理发育会随着年龄的变化而变化，不同年龄段的学生在身心发育速度、身心特征上是有差异的，这在一定程度上决定了不同年龄段的学生应采取不同的方法进行学习，在体育学习中同样如此。

下面主要以 14 岁为分界线来重点分析两个年龄段的学生在体育学习中采用的不同学习方法。

（一）年龄在 14 岁以下的学生的体育学习方法

年龄在 14 岁以下的学生，大脑活动中占优势的是第一信号系统，第二信号系统还没有完全发育，他们的直观思维能力明显要比抽象思维能力强，喜欢模仿，还不具备较强的联想推理能力。这决定了他们在体育学习中以直观方法为主，具有代表性的是观察法、练习法。

1. 观察法

这一年龄段的学生从外界获取知识主要靠视听觉。观察法主要就是利用视觉器官和听觉器官的学习方法。在体育课学习中，他们主要对教师、学生的示范进行观察，同时也会观察手机、电脑、电视、放映仪等媒体上的示范。但不同的学生因为个性不同而在观察时注意点不同，即使是对同一个教师的示范动作进行观察也是如此。有的学生对动作结果比较关注，如速度、远度；有的学生更关注动作过程；也有的学生对动作中的某个细节比较关注，如身体各部位的姿势等。

学生靠听觉进行学习时，信息获取来源如下：

①教师的讲解、命令、提示、口哨等声音信息；

②学生的讨论、评价等声音信息；

③自我暗示信息；

④电子教学设备的声音信息。

学生不管学习什么体育知识，都要在一定程度上依赖观察法，这是基础方法。需要注意的是，体育动作技能的本质是身体练习，所以学生在观察后要亲自参与练习，以模仿练习为主，这样才能掌握体育动作。

2. 练习法

练习是在观察的基础上进行的，具体练习方式与学生的性格有关。

①性格外向的学生喜欢当众练习，以表现自己。

②性格内向的学生喜欢在安静的环境下独自练习，不习惯被太多的人关注。

③好胜性格的学生喜欢通过比赛的形式来练习，在比赛中获胜能够使他们获得满足感。

总体上，这个年龄段的学生对动作的外在更关注，而对动作的协调性、规范性及身体感觉不太关注。

（二）年龄在 14 岁及以上的学生的体育学习方法

14 岁及以上的学生和 14 岁以下的学生相比，第二信号系统获得进一步发展，抽象思维能力和联想推理能力不断提高，第一信号系统和第二信号系统之间建立了更加完善的联系，在体育学习中，这个年龄段的学生更重视抽象思维和内部信息，所以多采用意象法和反思法来学习。前者主要用于学习体育知识，后者主要用于练习动作。

1. 意象法

在观察的基础上，学生大脑中感知动作的方法就是所谓的意象法。学生如果在练习之前，头脑中有关于动作方法的表象，也就是技术"痕迹"，那么在练习过程中激活这些"痕迹"就能够快速、准确地完成动作。学生只有通过观察动作而获取了相关信息，才能在大脑中想象自己做动作时是什么样子，并巩固动作细节及示范者所强调的动作重点，为正式练习做好思想准备。

动作技能的形成过程就是在多种感觉机能的参与下同大脑皮层动觉细胞建立的暂时的神经联系。当学生初学一个新动作时，采用表象练习法有助于迅速掌握动作，在两次练习课之间通过表象法可以有效巩固头脑中动觉细胞建立的暂时的神经联系，从而提高练习效果。

2. 反思法

反思法是学生反思自己练习时动作技能的完成情况。这一年龄段的学生有较为丰富的运动体验，掌握了较多的动作技能，且有较强的思维能力，通过反思能够对不同技术动作之间相似的地方有所了解，从而使自身的技术水平得到提高。

学生通过反思也可以改正自己的不足，经过不断地反思与改正，学生的动作技能会越来越稳固、准确、规范。

二、教师对学生篮球学习方法的科学指导

（一）从篮球教学任务出发进行指导

篮球教师要结合篮球教学的任务对学生的学习方法进行全面指导，帮助学生选择有利于完成学习任务的学习方法，让学生对篮球知识和技能有更好的理解与掌握。

（二）从篮球教学内容出发进行指导

在篮球教学中，教师采用什么方法教，学生采用什么方法学，要视教学内容而定。学生学习不同难度的篮球知识与技能，会产生不同的兴趣，学习的速度也会有差异。篮球教师应结合具体的教学内容来选用教学方法，并指导学生采用相应的学习方法，使学生有针对性地掌握不同的教学内容。

（三）从学生个体差异出发进行指导

篮球教师必须立足教学实际和学生个体差异进行学法指导。每个学生都有自己的独特性，不同学生的身体素质、气质类型、兴趣爱好、技术基础等或多或少都存在差异，因此这就造成了学习方法上的差异。教师在学法指导中，需要对学生的实际情况进行全面考虑，有针对性地实施对每个个体的指导。例如，针对篮球基础较差的学生，教师可指导其采用理解思维学习法、对比学习法等学习方法进行学习；针对篮球基础较好的学生，教师可指导其采用目标学习法、创造学习法等进行学习。

总之，教师要结合篮球教学任务、教学内容以及学生个体差异来对学生的学习方法进行选择和指导，避免学生对学习方法的盲目套用，要引导学生从自身实际出发确立学习目标，选择能够有效实现目标的多元学习方法。

第三节　校园篮球课程教学中学生学习方法的新尝试

一、自主学习法的尝试

学生从课程目标、自身情况出发制定适合自己的学习目标，并努力完成学习目标的学习方法就是自主学习法。学生自主学习的过程中离不开教师的引导和帮助。

传统教学主要是"授人以鱼"，而现代教学观则倡导"授人以渔"，自主学习法就体现了这一点。自主学习能够促进学生主体意识的增强，使学生从被动学习向主动学习转变，学生经过自己的坚持和努力而顺利完成学习目标，可以获得成就感，提升自信心。自主学习也是一种终身学习方法，能够为终身体育锻炼奠定基础。

二、探究性学习法的尝试

在篮球教学过程中，教师要充分发挥自己的主导作用，重视学生的主体地位，将主导与主体的关系处理好。教师要善于将学生的主体参与意识调动起来，使学生的主体作用得到充分发挥，使学生主动探究篮球知识，学习篮球技能。这就要求篮球教师在教学中要适当放手，给学生自由的空间与表现的机会，鼓励学生去探究和尝试新鲜事物，激发学生的主动性，开发学生的潜能，促进学生探究能力与实践能力的提高。学生通过自主探究、与同学的讨论以及亲身实践，不但可以将篮球动作要领牢牢掌握，还能开阔视野，开发思维，掌握解决问题的技巧。

三、合作学习法的尝试

在篮球教学中，教师会对竞争做一些有意或无意的强调，而对培养学生的合作意识与能力却不够重视。篮球教师会设置一些简单的比赛来锻炼学生的竞争能力，但忽视了学生个性的培养，而且教师往往关注竞争中的获胜者，较少关注失败者，这些问题影响了学生的身心健康与全面发展。篮球是集体项目，竞争也是团体合作的竞争，所以培养学生的合作意识、人际交往能力非常重要。

在社会转型期，竞争与合作无处不在，二者相辅相成。采用合作学习法不但可以使学生体质增强，形成专业技能，还能使学生的合作意识增强，学会通过合作来提升自己的竞争力。合作学习法在篮球课堂上具体表现为小组合作学习，教师划分学习小组，各组成员之间相互合作，取长补短，为完成小组学习任务、达成小组学习目标而共同努力。

四、延伸性学习法的尝试

新课改对课程的延伸性较为重视，体育教学的延伸性旨在对学生的终身体育锻炼意识进行培养。延伸性学习方法也是一种独立自主的学习方法，教师在一旁辅导。通常，延伸性学习的内容和形式不受课堂限制，内容与形式在选择上比较灵活。延伸性学习巩固了学生的主体地位，这从学生自我选择、亲身体验、主动参与、自我管理、自我评价等方面就能体现出来。教师要多鼓励学生积极参与校园篮球活动和社区篮球活动，使学生将课外、校外的学习资源充分利用起来，养成良好的锻炼习惯，从而促进身心健康和社会适应能力的提高。

五、创新性学习法的尝试

在篮球教学中，采用创新性教学方法、学习方法及练习方法能够培养学生的创新精神和实践能力，传统教学只是为了完成"教学生学会"的任务，而现代教学要使学生在"学会"的基础上"会学"。这就要求教师要不断引导学生掌握新的学习方法，同时教师自身也要不断更新教学方法，使学生对篮球课始终都能保持新鲜感，积极学习，这样学习效果才能更好。

"填鸭式"教学方法已经不能满足社会对创新人才的需求，只有不断改革教与学的方法，创造新方法，才能培养出创新人才，学生的智力与能力也才能得到全面提高。学生经常采用创新性学习法，其独立性、自主性、创造性都会得到显著增强。在学生创造性的自主学习过程中，教师要巧妙引导，合理安排篮球教材内容，积极构建有助于学生创造性思维发挥的教学模式，从多方面培养学生的创新能力，落实素质教育的要求。

第三章 校园篮球课程体能教学方法改革与运用研究

充沛的体能是篮球运动员充分发挥技战术水平的重要保障，是影响篮球运动员运动水平和篮球运动发展进程的重要因素。因此，本章在深入阐析体能训练的理论知识和篮球运动体能训练的意义和要求的基础上，对青少年篮球运动员体能训练存在的问题和校园篮球课程教学中体能训练方法改革与运用进行研究，以期能为篮球运动体能训练提供指导和帮助。

第一节 篮球运动体能训练相关理论阐析

一、体能训练的理论知识阐析

（一）体能训练的相关概念界定

1. 体能的概念

长期以来，人们对体能有着不同的见解，在众多学者观点的基础上，笔者认为体能的概念主要包括以下几个方面。

①体能主要是由先天遗传以及后天的刻苦训练共同获得的，其中，先天遗传起决定作用，后天的刻苦训练可以起到关键的促进作用。

②体能主要是指人的形态结构、人的生理机能、人的身体素质各方面所展现出来的综合运动能力。

③体能是身体内外环境相互作用的结果，不是一成不变的，而是随着人身体状态和外在环境的变化不断发展变化的。

2. 体能训练的概念

体能训练主要是指通过一些特定的训练方法和手段来提高人体各项体能素

质的训练。体能训练主要包括对人的身体形态、生理机能以及各项运动素质等的训练。其中，身体形态主要是指人的外部形态特征，生理机能是指运动员各器官系统的生理功能，各项运动素质主要包括力量素质、速度素质、耐力素质、灵敏素质和柔韧素质等。

（二）体能训练的分类

1. 一般体能训练

在体能训练中，一般体能训练主要是指通过多种非专项的体能练习手段，增进运动员的身体健康，提高各器官系统的生理机能，全面发展运动员的身体素质，从而为专项成绩的提高打好坚实的基础。

2. 专项体能训练

专项体能训练主要是指采用直接提高专项素质的练习以及与专项有紧密练习的专门性体能练习，最大限度地发展对专项成绩有直接关系的专项运动素质，以保证掌握专项技术和战术并在比赛中顺利有效地运用，从而创造出优异的运动成绩。

3. 两者的联系和区别

一般体能训练是专项体能训练的基础，专项体能训练为创造优异的专项运动成绩而服务。一般体能训练和专项体能训练是相辅相成的，两者共同为提高运动员的竞技能力服务。但同时两者也是有区别的，具体见表3-1。

表3-1　一般体能训练与专项体能训练的区别

类别	一般体能训练	专项体能训练
任务	①提高各器官系统机能，增进身体健康 ②全面发展运动素质 ③改善身体形态 ④掌握非专项的运动技术、机能和知识 ⑤为提高运动技术水平创造一定条件	①提高与专项有关的器官系统机能 ②最大限度地发展专项运动素质 ③塑造专项所需的体型 ④精确掌握与专项技术、战术有关的知识和技能 ⑤促进专项运动成绩和技术水平提高
内容	对全面发展运动素质、身体机能有益的、多种多样的身体练习手段，如球类、体操、举重、游戏等	直接发展专项运动素质的练习，以及在动作特点上与专项动作结构相似的练习，或有紧密联系的专门性练习
作用	为专项运动素质的全面发展和专项成绩的提高打好基础	直接提高专项运动素质，促使运动员创造优异的专项运动成绩

（三）体能训练的基本原则

1. 系统性原则

系统性原则指的是运动员在体能训练的过程中，通过体能发展的内在规律对自己的训练过程进行科学合理的规划，并且长期不间断地坚持训练。在体能训练过程中贯彻系统性训练原则应做到以下两点要求：

①要对整个训练过程进行系统规划；

②要对训练过程中不同发展阶段的体能训练从各个方面做出系统安排。

2. 全面性原则

全面性原则指的是在发展专项运动技能的前提下，全面安排和充分发展运动员的各项运动素质，通过体能训练使运动员各方面的素质得到全面而均衡的发展，即全面发展运动员的身体形态、身体机能、身体素质等。

专项运动素质与技能的发展是建立在一般运动素质的基础之上的，只有进行全方位的安排才能更好地创造这种条件与可能，使专项所需要的素质得到充分发展。

3. 个性化原则

个性化原则指的是在确定训练目的、选择运动项目、安排运动时间和运动负荷时，要将运动员个人和外界环境条件的实际情况作为主要参考依据，结合运动员的个体差异，因人而异地安排训练。

个性化原则是进行体能训练的根本要素，一定程度上对训练效果起决定性作用。坚持个性化原则实际上也就是要求在进行体能训练时，一切从实际出发，有针对性地进行训练。

4. 自觉积极性原则

自觉积极性原则指的是运动员在充分理解身体锻炼的目的、意义的基础上，自觉、自愿、主动、积极地进行身体锻炼。体能训练实际上也是运动员克服自身惰性，战胜各种困难，下定决心通过自我训练达到完善自身的目的的一个过程。在体能训练过程中，运动员只有养成自觉的训练习惯而不是被动地参与训练，才能在获得愉快运动训练体验的同时，取得良好的训练效果。

（四）体能训练的内容

1. 身体形态训练

（1）身体训练

身体训练方法对改善运动员身体形态有重要的意义，身体训练方法必须科学、系统、适合专项需要。

（2）专项训练

运动员的身体形态是否适应专项特点，满足专项需要，直接影响其专项运动水平和运动成绩，而科学合理的专项训练手段能够改善运动员专项所需的身体形态。

（3）形体训练

舞蹈、持轻器械体操、健身操等特定的形体训练有利于运动员良好运动姿态和身材的形成，能够促进运动员协调能力、节奏感的提高。

2. 身体机能训练

身体机能训练涉及各个系统，如心肺系统、肌肉系统、免疫系统、神经系统等，这些系统又各自包含不同的要素，因此身体机能训练中涉及的内容非常多。

3. 身体素质训练

身体素质包括力量、耐力、速度、柔韧性等内容，这些要素相互影响，关系密切，因此在训练中要注意训练的整体性。

在身体素质训练中，不同的训练内容又有自己的结构体。身体素质训练的整体性要求在训练中应根据训练需要和目标尽可能展开各个方面的训练，从而实现身体素质的正迁移。

在身体素质训练中，必须深刻地认识到力量素质是训练的基础，为了更好地提高运动员力量素质训练的效果，需先了解力量素质的内容与分类，从而保证训练的全面性与系统性。

同一分类中力量素质的各项内容之间相互影响，了解不同类型力量素质的关系，能够为力量训练方法与手段的科学选择提供基本依据。

二、篮球运动体能训练的意义与要求

（一）篮球运动中体能训练的意义

体能训练是运动训练的重要内容。体能训练是顺利完成各项运动训练的基础，没有好的体能，就不会有合适的技能训练、战术训练，同样，如果没有高效的体能训练，运动员就不可能产生高超的竞技能力。随着现代竞技体育的发展，比赛量和训练负荷与日俱增，对体能的要求越来越高，要想取得良好的竞技运动成绩，必须要有良好的体能素质作为基础。篮球运动体能训练的意义主要体现在以下几个方面。

1. 延长运动寿命

如果篮球运动员拥有良好的体能素质，那么其身体也就拥有较强的灵敏素质、协调素质、柔韧素质、耐力素质、速度素质、力量素质等。随着篮球运动员年龄的不断增加以及各种伤病的不断增多，其身体素质水平会出现逐渐变低的情况，从而大大影响其运动寿命的长短。因此，为了能够有效延长运动员的运动寿命，就有必要加强运动员专项体能的训练，使其能够拥有良好的身体素质，从而能够以更好的状态坚持完成整个比赛过程。

2. 提升战术能力

加强篮球运动员专项体能素质的训练，就是为了让篮球运动员能够以良好的状态完成整个比赛，这是因为一场篮球比赛由于强度大、时间长，因而对运动员的体力有着很大的消耗，此时如果运动员不具备良好的体能，就会导致运动员在比赛过程中缺乏足够的攻击性、主动性与对抗性，同时还会影响其投篮的命中率，从而影响整个比赛的结果。然而，如果篮球运动员拥有良好的体能，就能够在赛场上敢于对抗、敢于主动出击，并且能够不断奔跑、积极防守以及果断投篮，同时，良好的体能能够帮助运动员在赛场上不断调整自身的战术战略与奔跑走位等。因此，为了使篮球运动员能够始终以良好的状态参加篮球比赛，充分发挥其技战术水平，进而取得优异的比赛成绩，教练员应充分重视篮球运动员专项体能的训练，并根据实际情况制定出具有针对性与实用性的训练计划，同时应充分认识并积极调整运动员的不足，以实现其篮球运动技能水平的进一步提升。

3. 增强运动员心理素质

一场篮球比赛不仅是对运动员技战术水平与体能素质的考验，同时也是对其心理素质的考验，因此，良好的心理素质在整个比赛过程中至关重要。加强篮球运动员专项体能训练，不仅能够大大增强运动员的身体素质，同时还能在很大程度上培养运动员良好的心理素质。艰苦的训练能够磨炼运动员的意志，培养其顽强拼搏、积极进取的精神。近几年来，篮球比赛的竞争越来越激烈，这就更加需要运动员具备良好的体能素质、心理素质与高超的运动水平。良好的心理素质能够使运动员始终以良好的心态参加比赛，能够有效克服自身的不良心理，不会因为得分落后而感到气馁，也不会因为比分领先而感到骄傲，同时还能够及时调整自身的战略战术与身心状态。另外，良好的体能素质能够对整个队伍的精神面貌与战术风格等产生影响，体能素质好的队伍通常喜欢快攻、强攻，同时也更加愿意争取赛场上的主动权，这对比赛结果具有非常重要的影响。

（二）篮球运动体能训练的要求

全面掌握篮球运动的项目特征是大幅度提高篮球运动员体能水平的重要保障。人们在过去很长一段时间内都将篮球运动界定为单纯的技能类运动项目，这种定位既不符合篮球运动的实际情况，也不利于篮球运动的训练与发展。篮球运动体能的内容要依据篮球运动的项目特点来选择和设计，要为提高篮球运动员竞技能力的主导因素服务。

1. 篮球运动体能的组成部分

篮球运动体能主要由专项速度、整体力量、运动耐力及心理机能和意志品质构成，具体如下。

（1）专项速度

专项速度是篮球运动体能水平最直接的反映，速度是篮球运动的灵魂，是创造战机、实行攻击的前提与条件。篮球运动的速度具有应变性（变向、变速）、节奏性和突然性的专项特点，起动速度及加速跑的速度是篮球运动专项速度的核心。篮球运动员的专项速度主要包括反应速度、起动速度、动作速度、进攻速度、防守速度、防守反击速度和攻防转换速度。篮球运动员的体能必须符合比赛强对抗、高速度（进攻与防守）的要求，才能保证技战术的发挥。因此，对于身体直接对抗的篮球运动的体能训练，必须以专项速度为目标安排和设计训练。高水平的专项速度既是体能训练效果的综合反映，又是体能训练效果的检查与评定指标。

（2）整体力量

对于篮球运动员来说，力量素质是其体能建设的重要保障，是其掌握和增强专项对抗能力、专项速度、专项技术的基础。运动员的力量素质对其在比赛过程中进攻与防守中的反应、跑动、加速与拼抢、防守与攻击的有效性都有决定性影响，所以说运动员的运动技能水平和力量素质存在很大联系。此外，力量素质与篮球运动员完成动作时的爆发力和耐力（速度耐力、力量耐力）以及实施攻击的威力性和可靠性紧密相关。

（3）运动耐力

运动耐力是指大强度、长时间从事专项活动的能力。决定篮球运动员运动耐力水平的因素：第一，功能系统的机能能力；第二，在比赛中有效地利用机能潜力的能力；第三，疲劳情况下的心理素质和意志品质。

（4）心理机能和意志品质

心理机能和意志品质是指运动员面临难以忍受的疲劳感时，保持稳定心理状态、促使神经系统充分发挥作用、挖掘和动员机能潜力、完成比赛和训练任务的能力。

对篮球运动员心理机能和意志品质提高幅度产生影响的因素：运动员运动功能系统机能能力的提高；运动员完成比赛任务的愿望、意志和自我调节控制能力。具体来说，篮球运动员机能能力的提高是基础，愿望是动力，意志是条件，自我调节是方法。在篮球比赛日益激烈的当下，很多情况下篮球运动员都需要在落后和逆境中艰苦对抗，此时运动员良好的心理机能和意志品质往往是取胜的关键因素。

2. 篮球运动体能训练的要求

篮球运动的体能训练是为技战术的运用与发挥服务的。体能训练是手段，提高攻防技战术运用能力和效果是目的。因此，篮球运动的体能训练要具有鲜明的专项特点，体能训练只有与专项技战术有机地结合，才能真正达到体能训练的目的，加快训练进程。与此同时，篮球运动员应在体能训练中完善和检验技战术，在技战术训练中发展和巩固体能。体能可以弥补运动技能的欠缺，促进运动技术在篮球比赛中充分发挥，良好的体能水平是运动员在现代高速度、高难度、强对抗的篮球比赛中发挥和运用技战术的前提条件。因此，教练员应根据篮球运动的项目特点、运动员的水平和不同训练阶段的任务，合理安排二者的训练比重，将体能训练与技战术训练有效地结合在一起。

第二节　青少年篮球运动员体能训练存在的问题

青少年正处于成长发育期，也是体能发展的最佳时期，在这个时期进行针对性体能训练，有利于其身体素质的全面发展，为提高其专项素质打下良好的基础。同时长期、系统的体能训练也有利于青少年保持稳定、良好的心态来更好地面对学习和生活。为适应现代篮球发展的需要，本节根据文献资料法和笔者多年篮球训练经验对青少年篮球运动员体能训练的必要性和存在的现实问题进行了分析，明确了体能训练原则，制定了可行的训练对策去解决当前体能训练中存在的现实问题，以期能够为提高青少年篮球运动员的体能水平和促进青少年篮球运动的发展提供更好的指导与参考。

现代篮球运动技战术的迅速发展，使攻守对抗更激烈，对运动员的力量、速度、灵活性等素质提出了更高要求。而青少年体能训练工作的质量和水平，在未来的篮球人才竞争中起着关键性作用，因此加强青少年篮球运动员体能训练显得十分必要。

一、篮球运动体能训练理念过于落后

在篮球运动的体能训练中，训练理念是对其训练过程具有决定性作用的一种理性认识，科学先进的训练理念对于篮球运动员的体能训练过程具有重要的指导作用，能够有效提高运动员体能训练的效率，进而促进运动员综合能力的提升。因此，篮球运动员的体能训练需要一套具有科学性、合理性、系统性与针对性的训练理念来予以指导，从而全面提升运动员的体能素质水平。

体能训练理念存在滞后性。从当前我国青少年篮球运动员的体能训练方法来看，其理念存在滞后性。除了训练项目不够规范之外，训练项目的模式也缺乏科学性，与国际青少年篮球运动员的体能训练理念相比十分落后。这种情况一方面导致青少年篮球运动员的篮球水平得不到提升，另一方面则影响了青少年篮球运动员的成长发育。体能训练理念滞后具体表现为体能训练时间不足，无法完成比赛。篮球运动员在篮球场上出现体力不支是体能训练理念滞后的表现，需要引起重视。由于篮球和普通运动有所不同，尤其是进行青少年篮球训练的时候，更需要看到两者之间的区别。体能训练应当是作为一种篮球运动训练内容甚至是前提而存在的，不过对这一点很多人还没有意识到。

二、教练员对体能训练缺乏足够的重视

通过对相关调查资料的研究发现，在我国篮球运动的训练中，普遍存在教练员对体能训练重视程度不够的问题。多数教练员在制定篮球运动员训练计划时，只是一味地注重其专项技术与战术的训练，注重其专项理论知识的传授，却缺乏对运动员体能训练计划的制定。这样的训练方式很难取得良好的训练效果。良好的体能素质是进行体育运动训练与比赛的重要基础，只有当运动员体能素质增强了，其综合技能才能得以提升，运动员也才能在比赛中更好地发挥自身的技战术水平。

三、体能训练与篮球运动专项特点相脱离

教练员在对篮球运动员的体能进行训练时，应该与专项技术相结合。然而，通过对相关调查资料的研究发现，我国大多数教练员在对篮球运动员进行体能训练时，很少结合篮球运动的专项特点进行体能训练，基本上都是通过统一的跑步、蹲杠铃等传统单一的方法来增强运动员的训练强度，从而实现其体能素质的强化，毫无疑问，这样缺乏针对性的训练方法难以取得十分明显的效果。体能训练的目的不只是增强运动员的综合能力，同时还包括增强运动员的心理素质、激发运动员的体育潜能，因此，教练员应该结合篮球运动的专项特点，根据运动员的实际情况，采用多样化的训练方法，有针对性地对其体能素质进行训练。

第三节　校园篮球课程教学中体能训练方法改革与运用

篮球运动专项体能训练应该以速度素质、力量素质、耐力素质等训练为主，然后在此基础上与其他素质训练相结合，同时教练员还应该注意根据篮球项目特征与运动员本身的实际情况，科学合理、灵活多变地选择相适宜的体能训练方法与训练内容，进而促进篮球运动员技能水平的提升。

一、篮球运动中体能训练方法的改革策略

（一）坚持循序渐进和系统训练相结合

随着人们社会生活质量的提升与体育意识的不断增强，在体育运动项目的训练中，人们开始逐步认识到体能训练的重要性。通过对大量体育运动比赛实践的分析与研究发现，人体的运动能力并不是一朝一夕就能形成的，而是一个需要长时间进行反复不断的训练与实践的漫长过程。同样地，良好体能素质的形成也是如此，因此，在对篮球运动员进行体能训练的过程中，教练员应该严格遵循循序渐进的原则，也就是说，要注意对训练时间、训练强度、训练难度以及训练负荷的合理控制，要根据运动员的具体训练情况逐步增加训练强度、训练难度、训练时间与训练负荷，要做到训练时间由短到长，训练强度由小到大，训练难度由低到高，训练负荷由小到大，以使篮球运动员能够逐步适应高强度的训练，如此一来，既能够逐步实现运动员体能素质的增强，又能够有效降低运动员运动损伤的发生概率。另外，在篮球运动体能训练中，教练员还应该注意训练的系统性、持久性、连续性与周期性，要根据运动员身体发展的规律，

在不同的体能训练阶段采取科学合理的训练方法，合理控制训练结构、训练强度与训练量，并使其呈正态分布曲线进行变化，以实现篮球运动员整体技能水平的逐步提升。

（二）坚持基础体能训练和专项技术训练相结合

教练员在对篮球运动员的体能素质进行训练的过程中，不仅要将基础体能训练与专项技术训练进行有机结合，同时还要正确处理两者之间的关系，要明白体能训练是为专项技术训练服务的，要突出专项技术训练的重要位置，不能喧宾夺主，要合理分配两者的训练比例，以保证训练效果的整体提升。另外，在对篮球运动员基础体能进行训练的过程中，教练员也不能始终一成不变地注重专项技术训练，而忽视基础体能的训练，而应该在不同的训练时期与训练阶段，根据实际情况，合理安排两者的训练强度，协调好两者之间的关系，以实现基础体能训练与专项技术训练的有机结合，从而最大限度地增强体能训练与专项训练的效果。

（三）坚持体能训练与其他竞技能力训练相结合

将体能训练与其他竞技能力训练进行有机结合，能够达到多项能力相互促进、共同提升的目的。因此，在篮球运动的体能训练中，不能只是单一地注重运动员体能素质的训练，教练员还应该将体能训练与其他竞技能力进行有机结合，例如，应该将技术、战术与心理等多个方面的能力训练融入体能训练中，如此一来，既能够达到增强运动员体能素质的目的，又能够促进运动员技战术水平以及心理素质水平的提升，从而实现运动员综合能力的全面提升。在这一过程中，教练员可以借鉴国外先进的训练理念与训练方法，并结合我国篮球运动员的身心素质状况进行适当的调整与优化，以大力促进我国篮球运动员体能素质的有效提升。

（四）在体能训练中要尊重个体差异性

不同的运动员在其身体素质状况、篮球运动技术水平、竞赛周期以及发展周期等方面存在一定的差异性，因此，教练员在对篮球运动员进行体能训练时，应该充分尊重运动员的个体差异性，要根据运动员的实际情况进行针对性训练。通过具有针对性的个性化体能训练，能够保证每一个运动员的体能素质都得到显著提升，从而为其之后专项技术的训练以及比赛中技战术水平的充分发挥奠定良好的基础。

（五）坚持强化速度训练与伸展练习相结合

在篮球运动比赛中，良好的速度素质至关重要，运动员具备明显的速度优势，既能够赢得更多比赛胜利的机会，同时也能大大增加比赛的观赏性。教练员在对篮球运动员的速度素质进行训练时，也应该注重与其他竞技能力的有机结合，例如，可以将速度素质训练与力量素质、反应速度与平衡性等的训练进行充分融合，以实现体能训练效果的最优化。另外，教练员可以通过"短跳"训练的方法来增强运动员的加速能力，通过"长跳"训练的方法来增强运动员的速度耐力素质，不仅如此，还应该加强髋部、膝关节、踝关节等部位肌群力量的训练。除此之外，教练员还应该加强篮球运动员的伸展训练，特别是在正式开展体能训练与比赛之前，应该通过伸展训练的方式进行预热，以有效降低运动损伤的发生概率。

二、篮球运动员专项体能素质的训练方法

（一）加强对篮球运动员力量素质的训练

力量素质是篮球专项体能素质中非常重要的部分，它是增强运动员各项运动素质以及提升篮球运动员运动水平的重要基础。篮球运动对运动员的爆发力有着较高的要求，这种爆发力主要包括下肢力量、上肢力量与腰背肌爆发力三个方面，运动员只有具备强大的爆发力，才能在比赛中及时调动全身各个部位肌肉的力量完成各种高难度动作，也才能更好地应对对手的攻击。在对篮球运动员进行力量素质训练的过程中，教练员应该根据篮球运动的专项技术特点与运动员的具体情况有针对性地设计训练方法。

例如，教练员在对篮球运动员的上肢力量进行训练的过程中，应该以手指、手腕与手臂肌群力量训练为主，这些部位的灵活性能够在很大程度上影响篮球运动员投篮、传接球、运球、抢打球等技术动作的训练效果与掌握程度。另外，运动员身体的核心力量对于其身体向各个方向的大范围移动以及平衡性的维持等方面都具有十分重要的作用。在篮球比赛中，运动员在跑动、跳跃、投篮、翻转、急停、起动等动作中，都需要依赖于身体的核心力量。因此，教练员在开展篮球运动力量训练的过程中，应该注重上肢力量、身体核心力量的训练，不断增强运动员身体各个部位肌肉的力量与灵活性，可以在日常训练中加入各种步法练习，如左右滑步、跨跳步跑、小步快跑等，也可以采用原地听音快速运动或者快速跑步抢球等方法进行练习。

（二）加强对篮球运动员速度素质的训练

篮球比赛是一个争分夺秒、竞争激烈的对抗性项目。因此，在篮球比赛中，良好的速度素质能够给运动员带来很大的优势，如果运动员拥有快速移动的能力，就很容易在时间上占据更多的优势。所以有必要加强对篮球运动员速度素质的训练，具体可以从以下几个方面着手。首先，运动员在做起动动作之前，应该尽量保持站立的姿势，只有如此，才能快速灵活地调动身体各个部位进行变化。其次，速度训练的位移距离不宜太长，从而能够对篮球比赛中快速抢球与抢位动作进行有效模拟与演练，也才能真正地发展运动员突破对方球员、挡人抢断的能力。再次，教练员可以将定向变速与变向变速等多种方法相结合来对运动员的移动速度进行更加专业的训练。最后，教练员可以将多个训练内容进行有机融合，以进一步增加运动员速度素质训练的难度，从而对运动员的速度素质进行综合训练。

在对篮球运动员进行速度训练的过程中，教练员可以在训练其专项力量的基础上，结合各种跑步练习的方法来进行。例如，教练员可以组织运动员围绕某一场地一边跑动，一边做自抛自接练习，并且对运动员的抛球高度与速度进行相应的规定，也可以将运动员以两人为一组分成若干组，每组运动员练习运球、传球、投篮与快速传接球上篮等。除此之外，教练员还应该积极组织运动员开展快攻上篮的训练，使其在规定的时间内快攻上篮，如果超出规定的时间仍然没有成功，就对其予以体能加训的惩罚。

教练员在组织运动员开展速度训练的过程中，应该注意以下几个方面。一是尽量选择多种训练法来进行，丰富多样的训练方法可以有效激发运动员的兴趣，同时还有利于增强训练效果。二是教练员可以通过听觉信号与视觉信号来对运动员发出训练的指令，以对运动员的观察能力、判断能力以及快速反应能力进行训练。三是教练员在正式开展训练活动之前，应该注意观察运动员的身心状态，尽量选择在运动员身心状况良好的时候进行，这样做既有利于增强训练效果，又有利于降低运动损伤的发生概率。四是教练员应该注意合理安排运动员的训练时间，尽量给运动员适当的休息时间，以便于其机体能够得到很好的恢复，从而有利于避免运动性疲劳与运动损伤的发生。

（三）加强对篮球运动员耐力素质的训练

除了需要对篮球运动员的力量素质与速度素质进行训练之外，还应该注重加强对篮球运动员耐力素质的训练。如果运动员具备良好的耐力素质，那么在篮球比赛场上，一旦因为意外情况而没有替补的时候，篮球运动员就可以凭借自身良好的耐力素质坚持完成整个比赛。教练员在对篮球运动员的耐力素质进行训练的过程中，应该与力量素质训练相联系。

关于篮球运动员耐力素质的训练，可以采用比较常见的变速跑训练法，例如，8分钟中等强度20米变速折回跑训练法，在采用这一训练法的过程中，运动员需要高度集中注意力。首先，当听到第一声哨声时，在10秒时间之内，从起跑点迅速跑到折回点位置，当再次听到哨声时，又以10秒时间迅速跑回起始点位置；其次，当听到哨声时，在20秒之内从起始点跑到折回点，当再次听到哨声时，又在20秒之内从折回点跑回起始点；最后，在3秒之内冲刺到折回点位置，然后在27秒内返回到起始点位置。如此循环反复练习8分钟。这一训练法由于强度比较高，因此，教练员应该注意合理控制训练时间，要给运动员足够的休息时间。

（四）加强对运动员柔韧性与协调性的训练

在篮球运动体能训练中，很容易出现过于注重运动员的力量素质、速度素质与耐力素质训练，而忽略其柔韧素质训练的情况，而篮球运动强度比较大、技术动作比较复杂，而且碰撞比较多，如果运动员身体的柔韧素质与协调素质不够，就很容易导致运动损伤的发生。另外，良好的柔韧素质对于运动员运动效果与运动能力的提升具有很大的促进作用，同时还能够帮助运动员更好地发挥身体的力量素质、速度素质、灵敏素质等。在对篮球运动员身体柔韧素质与协调素质进行训练的过程中，应该注重训练方法的科学选择，常见的训练方法如下。

教练员可以组织运动员仰躺在一个大软球上，要求其双臂置于胸前，双脚着地呈准备姿势，然后开始做仰卧起坐，一组做30次，一共做4组，也可以继续准备一个大软球，要求运动员准备姿势与上述动作一致，然后使身体做左右转体扭腰的动作，同样做4组，每组连续做30次。另外，当每次完成大强度训练之后，教练员应该组织运动员开展足够时间的拉伸训练，以对其身体各部位的肌肉进行放松，从而减少运动损伤的发生概率。

篮球是一项对运动员综合素质要求非常高的体育项目，而良好的体能素质是篮球运动员顺利完成整个比赛、充分发挥自身技战术水平的基础素质。因此，教练员在开展篮球运动员体能训练的过程中，应该根据不同篮球运动员的身体素质特征与比赛角色等情况，科学合理地制订体能训练计划，合理选择体能训练方法与训练内容，坚持遵循因材施教的原则，从而保证体能训练的有效性，进而促进篮球队伍综合水平的整体提升。

第四章 校园篮球课程技术教学方法改革与运用研究

篮球技术是篮球运动的核心，因此一名优秀的篮球运动员必须掌握全面、扎实的篮球技术。在学校篮球运动教学中，篮球技术是教学的重点和主要内容。本章主要就篮球技术的相关理论进行了详细分析，并就新形势下校园篮球技术课程教学现状、校园篮球课程中技术教学方法改革与运用进行了系统分析。

第一节 篮球技术相关理论阐析

一、篮球技术的概念

篮球技术是篮球比赛中运动员为了进攻与防守所采用的专门动作方法的总称。篮球运动技能是运动员在比赛情况下的一种专项运动动作的合理运用，是运动员篮球比赛实战能力的基础表现，也是运动员各项篮球专项体能、心理、智能的综合表现。

篮球技术是运动员进行篮球比赛的基本手段，是运动员参赛的基础和前提。

从动作方法来看，在篮球比赛中，运动员运用的篮球技术是其为了进攻与防守所采用的专门动作方法的总称，是篮球专项动作模式的理想化形式，是规范化了的动作模式，这种动作模式是篮球运动专项所特有的，区别于其他体育运动项目，具有专项性、专门性、合理性、规范性。

从运用实践来看，在篮球比赛中，运动员的各种技术动作、技术动作组合的实施是对既定的篮球专项动作的操作，但不仅仅限于动作的操作，动作的操作伴随着运动员的主观思路和动作技巧，是一种有意识的行为。

除上述两点之外，还需要明确的一点是，尽管每种技术动作都有着较为规范的完成方式，但落实在实际当中，司职不同位置的球员在训练过程中会根据位置职责偏重于某些技术的训练，如后卫球员更加注重传接球和运球练习、前锋球员更加注重投篮和移动练习、中锋球员更加注重篮下进攻脚步和抢篮板球技术的训练等。不同职责的球员对技术练习的侧重现象，也显现出了篮球技术动作的专门性与合理性。

在篮球运动训练或比赛中，球员必须充分发挥主观能动性，在团队篮球的基础上独立完成各种技术动作的运用，并积极地与自己的队友进行配合，以此给予对方最大的威胁。这也是篮球球员在体能、技能、智能、经验以及创新能力等方面的综合表现。

现代篮球比赛就是双方球员技术动作的对抗。球员可以通过篮球技术的使用来集中体现出自己的运动特点、运动素质、特殊技能、运动意识、心理品质以及道德作风等方面的水平。同时篮球技术是篮球战术的基础，任何战术意图和战术方法的实现都需要掌握熟练、准确的技术动作和应变能力。而篮球战术的本质实际就是多种篮球技术的针对性组合。所有这些都充分说明了现代篮球技术在篮球运动中的显要地位及其重要作用。

二、篮球技术的特点及分类

（一）篮球技术的特点

1. 稳定与变化相结合

每一项篮球技术都有它的动作规范，这种动作规范在练习时一般都具有相对稳定的特点，如投篮动作中左右手的作用和投篮发力顺序。但这仅仅是在初始练习时的状态，由于篮球本身具有高强度的对抗性，因此在双方对阵时，极少出现没有对方干扰的情况，此时就需要将平时学习的相对稳定的技术动作根据不同的环境与对手情况进行相应的调整，并且需要能够及时做出应答动作，即要求能够在攻守对抗的情况下以及在各种不同条件下去组合动作，能随机应变、创造性地完成攻守任务。而这也就成为现代篮球技术的一大显著特点，即稳定与变化相结合。

2. 动态与对抗相结合

篮球运动具有时空争夺性，这一点主要体现在对阵的双方都在追求以最快的速度达到对方篮下造成威胁，以及球在脱离任何一方时双方都尽力争夺最有利的获得球的空间位置。篮球竞赛是一个攻守对抗的动态过程，一切现代篮球技术均是在动态和对抗中进行的，快速、准确、实用、多变，充分表明了在争取时空主动上的合理性和创造性，两者的结合则是现代篮球技术的又一个显著特点。

3.身体动作与控制支配球相结合

身体动作与控制支配球相结合也是现代篮球技术的显著特点之一。篮球运动是一项需要全身参与的运动，篮球运动员通过手接触球来达到支配球的目的。除了手的参与外，运动员身体的其他部位也都要经常参与协调配合，以组成各种专门的动作。最后通过手部的动作控制、支配球的运行和争夺获球，使身体动作与控制支配球融为一体，展现出了现代篮球技术的无穷魅力。

4.规范性与个体差异相结合

现代篮球技术还表现出规范性与个体差异相结合的显著特点。在篮球运动技术中，任何动作技术都必须在一定的规范性下进行，这些动作规范都是经过长期的实践积累总结而成的，具有十足的科学合理性，因此，必须依照规律进行操作。然而，我们在实际训练中能够发现，并不是每一名球员都能按照动作的标准练习，有些篮球运动员因个体的差异性而表现出与规范动作稍有不同的动作特点和风格，如前美国 NBA 著名球员奥尼尔的投篮动作，就与传统的投篮动作相差甚远。奥尼尔的投篮动作不规范，也直接导致他在远离篮下时的攻击性大减。然而有些运动员的技术动作虽与规范动作有些差别，但仍旧能够保证动作效果，所以，在篮球运动的训练与比赛中不能强求动作外形的模式，而要讲求实效。规范性与个体差异相结合的特征，也是其他竞技运动项目技术所具有的特征。

（二）篮球技术的分类

为了使篮球技术训练主体对象能够更加深刻地了解和认识各种篮球技术动作及其所属的单元，就需要对篮球技术进行系统和详细的分类。

目前，对篮球技术的分类依据的是攻守对立统一的规律、人体运动科学的原理和技术动作的任务。如图 4-1 所示，这种分类方法是结合技术动作的运动学结构和动力学结构的类似特点，将技术进行具体分类的。这种分类方法也是中华人民共和国成立后我国一直沿用的动作结构类归的分类方法。

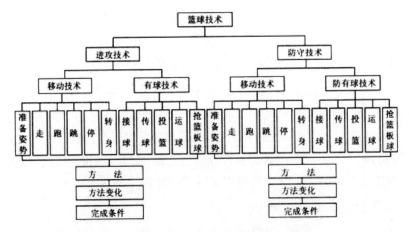

图 4-1　按动作结构分类

自 20 世纪 80 年代后，我国才对篮球技术类别进行了重新区分，其分类方法如图 4-2 所示。虽然这样的现代篮球技术分类方法在我国被广泛认可和应用，但其仍然存在一些不足之处，需要进行修改和调整。

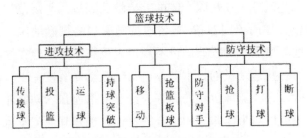

图 4-2　现代篮球技术分类方法

三、篮球技术发展的影响因素

篮球技术的发展实际就是一种实践的过程，在早期记录的篮球比赛的影像中可以看到当时的篮球技术显得非常蠢笨和迟缓，而且动作也并不美观。随着实践的增加，篮球技术也在不断追求革新，除了实效性以外还适当地考虑了动作的美观和协调，这一长期过程促进了现代篮球技术的改进、完善和创新。对篮球技术的发展起到一定作用的因素主要有以下几个。

①运动员对技术的掌握能力对技术发展的影响。篮球运动员是现代篮球技术主体的操作者，其对篮球技术的掌握能力直接影响着篮球技术的发展。

②教练员对技术的讲授能力对技术发展的影响。篮球教练员的组织、言传身教、经验等对现代篮球运动技术的发展同样起着重要的作用。

③科研人员对技术的研究能力对技术发展的影响。科研人员对技术的研究

能力也发挥着越来越积极的作用。体育科技的发展对运动技术的革新起到了非常重要的作用，如要进行一项技术革新，在没有应用之前首先科研人员要对新动作采取电脑制模，分析运动力学原理等数据，只有通过科学的分析后新技术才有可能获得实践机会。

④场地、器材、设备等条件对技术发展的影响。场地、器材、设备等条件对篮球技术的发展也产生了一定的影响，如历史上篮球比赛的场地大小出现过多次变化，每一次变化都会给篮球技术带来相应的改变。

⑤竞赛规则对技术发展的影响。任何体育项目的竞赛规则都对这项运动的发展有着重要的导向作用。篮球也不例外，篮球运动规则的一些具体规定，在一定的时间内也直接制约或推动着篮球运动某些技术与战术的发展速度。

⑥篮球运动的产业化和商业化对技术发展的影响。篮球竞赛商业化发展趋势，使现代篮球技术受到市场价值规律的驱动而产生积极的影响。

四、篮球技术的理论依据

（一）认知理论

个体对事物的认知具有一定的规律性，篮球技术的教学与训练应充分尊重学生对篮球技术的认知特点、认知过程和认知发展阶段特征，有计划、有步骤地合理设计与开展教学与训练。

篮球运动技能属于开放式运动技能，因此，篮球技术的教学与训练应该重视在教学与训练实践中突出篮球开放式运动技能的特点。具体来说，开放式运动技能的学习是在不可预见和复杂的情境中完成的，这就要求学生要具备预见复杂情景和应对多变情景的判断能力、应变能力、创造能力等。因此，在篮球技术的教学与训练中，教师应该结合篮球技术特点创造这种技术情景，例如，多采用比赛的方法，展开对学生篮球技术的训练。教师还应根据篮球技术学习与认知的基本规律开展教学，并结合与体育教学相关的学科理论知识来指导篮球技术的教学与训练实践。

此外，运动水平变化与认知方式变化有一定的正相关性，通过篮球专项认知训练可以促进篮球运动水平的提高。在篮球技术的教学与训练中，教师不仅要组织学生进行与篮球技术相关的身体训练，还要将与篮球运动相对应的操作性知识传授给学生，以加深学生对篮球技术的认知广度与认知深度，使学生更快、更准确地掌握篮球技术。

（二）篮球运动技能的形成规律

任何一项体育运动技能的形成都不是一蹴而就的，都需要经历一个由浅入深、由表及里、由不熟悉到熟练掌握的过程。篮球运动技能的形成也不例外。

具体来说，篮球运动技能的形成与发展需要经历几个阶段，即粗略掌握、改进提高、巩固运用和创新发展阶段。

从篮球运动训练的生理本质来看，学生学习篮球运动技能、掌握篮球运动技能的过程，就是学生通过参与与篮球运动相关的身体练习，使大脑和身体机能产生适应性，并产生记忆功能，使篮球运动技能与大脑神经建立复杂、连锁的条件反射的过程。

（三）运动员身体机能的变化规律

学生学习篮球技术，需要身体的直接参与，而人的生命有机体是一个客观存在，具有其自身的运动适应性特征，这一点在篮球技术的教学与训练中必须明确，不能不考虑身体机能的特点与发展规律随意安排运动训练。

首先，篮球技术的训练应循序渐进，在练习中使人的生理机能活动由安静状态逐渐进入工作状态。

其次，篮球技术的训练应注意负荷控制，不能超过生理机能的承受极限，以免对学生身心造成损害。

最后，篮球技术的训练结束后不能立刻停下机体运动，要通过积极性休息逐渐过渡到安静状态，给身体一个放松过程。

（四）运动员生理机能的适应原理

篮球技术的教学与训练以理论讲解为基础，以身体练习为主要内容，在身体练习的过程中，要充分考虑运动员生理机能的适应性，遵循运动员生理机能的适应规律，结合运动员生理机能的适应原理开展篮球技术的教学与训练。

在个体生理机能的适应原理中，运用最广泛的是超量恢复原理。超量恢复原理又称"超量代偿"原理，该原理指出，在一定范围内，运动量越大，人体各器官和肌肉的功能动员就越充分，能量物质消耗就越多，超量恢复就越明显。

学生掌握篮球技术，需要承受一定的运动负荷，在身体负荷工作过程中，体能能源物质和能量不断消耗，会产生疲劳和机体能力下降的情况，此时不要立刻停止训练，应经过间歇与调整使机体再坚持一段时间，可出现能量补偿（超量恢复），能有效提高机体的工作能力。

五、篮球技术教学与训练的步骤及要求

（一）篮球技术教学与训练步骤

1.掌握技术动作，形成动力定型

（1）建立完整的技术动作概念与正确的动作表象

在篮球技术的教学与训练中，应首先帮助学生建立完整的技术动作概念，这是学生掌握篮球技术的基础。如果学生对技术概念都不了解，就很难再进一步掌握技术动作了。

在学生掌握完整的技术动作概念之后，教师应通过合理教法的运用，主要是直观教学法，如教具展示、动作示范，使学生建立正确的技术动作表象，了解整个篮球技术动作的完成过程，并对其运用条件、作用、要点等有初步的了解。

在该阶段的教学与训练中，教师应重点检查学生在篮球技术动作完成过程中的主要环节和关键动作，并以动作概念来纠正错误技术动作，以技术动作规范来强化对技术概念的理解。

（2）建立正确的技术动作定型

在学生掌握完整的篮球技术动作概念与正确的动作表象之后，应通过组织学生反复练习来熟悉技术动作。

在篮球教学与训练实践中，学生对篮球技术动作的掌握不可能一步到位，学生并不是每次都能顺利地完成动作，常会产生这样或那样的错误，教师或教练员要善于发现并纠正错误，这对于帮助学生形成正确的技术动力定型十分重要。具体来说，在学生的篮球技术动作练习过程中，教师应及时纠正所出现的各种技术动作问题，争取通过学生的反复训练来帮助其机体和大脑建立起正确的篮球技术动作运动条件反射，形成正确的技术动作定型。

如果学生能熟练、准确地完成篮球技术动作，教师可在此基础上，适当加大练习难度，使学生的篮球技术更加完善，即使是在有外界因素干扰的情况下，也能够正确无误地完成篮球技术动作。

2.掌握组合技术，初步灵活运用

在篮球运动实践中，技术的运用不是单一存在的，往往需要运动员综合多种技术，才能达到既定的目的，因此，在学生掌握了各项单个的篮球技术之后，就要加强学生对这些技术动作的组合操作，提高学生篮球技术的合理与有效衔接。

（1）掌握动作组合之间的衔接

掌握组合技术，首先要解决相邻的技术动作之间的衔接问题，在教学训练之初，可以先强调技术动作完成的正确性，不强调技术动作完成的速度，等到技术动作熟练掌握之后，可以逐渐加快技术动作的完成速度，反复练习，以达到技术动作的合理、连贯。

（2）提高完成组合技术的质量

在保证技术动作合理衔接、正确完成的基础上，还要注意提高技术动作组合的完成质量。这同样离不开学生对技术动作组合的反复练习。在练习过程中，应进一步掌握组合技术的节奏、速度与动作的准确性，并通过对技术完成快、慢节奏的控制来提高技术动作的完成质量。

（3）提高技术动作的应变能力

在篮球运动中，运动者对技术动作应用的应变能力主要表现在两个方面：一是通过一种技术动作组合向另一种技术动作的转变来改变篮球技术的实施；二是通过在技术动作组合中加入假动作来迷惑对手，进而保证自身正确地完成技术动作。注意假动作要做得逼真，技术动作改变要快速。

3. 在攻守对抗条件下，创新运用技术

在熟练掌握技术动作和组合技术的基础上，结合篮球比赛实战，提高学生对篮球技术的创新运用能力。

篮球技术在篮球比赛中并非刻板地运用，而是要结合场上赛况、对手特点灵活运用，这就需要运动员应具有创新意识，并具备良好的应变能力，能灵活运用自己所掌握的各种篮球技术动作与技术动作组合。

在该教学与训练阶段，教师可以通过组织学生进行以下练习来提高学生的技术灵活、创新运用能力。

①在规定条件的攻守情况下，掌握时机，及时、准确地完成技术动作。

②在消极攻守对抗的情况下，选择时机，运用假动作迷惑对手，完成技术动作或组合。

③在积极攻守对抗的情况下，教师针对对手不同类型的干扰与制约，进行有针对性的讲解与分析，再组织学生进行各种问题条件下的技术动作与组合训练。

在篮球技术教学与训练中，具体教学与训练步骤并非一成不变，教师可结合学生情况和教学训练需要进行适当调整，但无论怎样调整，都要在教学与训练中严格要求学生，规范技术、反复练习，不断强化巩固与提高。

（二）篮球技术教学与训练要求

1.明确任务，设置目标

在篮球技术的教学与训练中，教师要明确教学与训练任务，并让学生对此有充分的了解，同时，结合具体的教学与训练任务制定详细、具体的教学与训练目标，通过科学组织教学与训练，要求学生完成学习任务、达到训练目标。

篮球运动技术教学与训练任务、目标的制订应符合学生的年龄特点和技术阶段性发展特征，教学与训练计划的制订应科学、系统并具有可操作性。

2.全面发展，突出重点

现代篮球竞争激烈，运动员必须掌握全面的技术，才有可能应对场上出现的各种问题。以往，人们只注意进攻技术的训练而忽视防守技术的练习，但随着篮球运动的不断发展，篮球场上攻守转换快，进攻和防守可在几秒钟完成，只重视进攻技术训练或只重视防守技术训练都是片面的，应做到攻防技术的全面发展。

在坚持篮球技术的全面发展时，还要重点突出，结合不同的篮球运动者的特点，使其具有自己的特长技术，并能在比赛中具有一定的技术优势。

3.重视球感的培养与训练

在篮球运动技术的教学与训练中，应注重学生"球感"的训练。

"球感"是篮球运动者通过长期的运动训练所获得的一种专门化的复合知觉，其对个体篮球运动技术的掌握与提升具有非常重要的意义，不断地进行篮球运动技术的训练实践，是增强这种"球感"的唯一途径。教师和学生都应明确这一点。

4.适应现代篮球的特点，加大对抗力度

现代篮球比赛竞争激烈、对抗性强，在日常的篮球技术教学与训练的过程中，教师应特别重视组织学生进行高强度对抗下的技术练习，以此来提高学生的技术实战运用能力。具体来说应做到以下几点：

①抓好基本技术训练，建立正确的动作定型；

②熟练掌握组合技术，提高难度，为对抗奠定基础；

③加强实战训练与难度训练，提高学生对篮球技术的运用和应变能力。

第二节　新形势下校园篮球技术课程教学现状分析

一、学生对于篮球的基础动作认识不够

篮球运动的基础动作在篮球比赛中非常常见，也是运动员必须要学会的最基本的篮球技术。篮球基础动作不管在时间还是空间上都有相关的要求，而动作的规范正确是保证篮球运动质量的关键因素。只有掌握正确的、规范化的篮球基础动作，才能够更快地学习更多难度较高以及较为复杂的技术，所以运动员在学习相关的篮球基础动作时，一定要保证动作的规范性，从而为后边的学习打下良好的基础。在日常的教学训练当中，由于教练员对于动作的相关要求不够严格，所以很多运动员都存在基础动作不够规范的情况，比如说做防范动作时，很多运动员都存在非法用手的问题。由于这些基础动作的不规范，他们在球场上往往会产生很多的犯规现象，而且这些动作还会影响其他篮球技术运用的熟练程度。

二、学生不注重组合动作的训练

组合动作的训练是非常必要的一项重要训练，运动员必须对其给予足够的重视。篮球技术的教学本来就是一个由简单到复杂的过程。很多的运动员，因为刚开始的动作比较简单，所以都没有给予太多的重视。同时教练员也认为这些简单的基础动作运动员很快就能学会，所以不需要对他们进行非常严格的要求。教练员和运动员的不重视都为后续篮球技术教学的开展埋下了隐患。篮球运动中一系列的基础动作经过组合衔接后就会演变成很多高难度的技术性动作，因为基础动作教学过程中的要求不严格，所以相关的基础动作没有办法实现高质量的组合。在实际进行教学与训练的过程中，基础动作之间的连接是非常重要的，但是往往有很多教练员对这方面的内容缺乏认识，所以很多组合动作都达不到理想的效果。在实际的篮球运动中，因为组合技术质量不够高，所以其实用性也会大大降低，在比赛的过程中运动员很有可能会因为组合动作的不熟练，而错过运球传球的机会。

三、实践教学与理论教学不够均衡

在高校篮球技术教学过程中，教练员往往很难做到实践与理论的结合。部分教练员过于重视理论知识的教授，而在实践方面的重视不够。另外也有部分

教练员过于重视实践，而没有让学生进行有效的理论学习。理论与实践的不均匀性可能会导致学生的学习效果较差，特别是理论知识不够可能会导致学生在学习篮球技术时非常盲目，仅仅了解了动作，但是对其理论方面的了解程度不够深入，最终到达赛场上也难以应对突发的情况。实践不够也是相同的道理，篮球运动本就是一个实践性较强的运动，如果训练的时间不够，那么学生的能力也不会得到明显的提高。

四、教师对于篮球技术以及教学规律等了解不够

高校的篮球技术教学能够有效地提高学生的综合素质，以及让学生掌握相关的篮球技术。在实际的教学训练过程中，教练员在该过程中起主导作用，而学生主要发挥的是主体作用。学生的认知能力将会对学生自身篮球技术的学习产生一定的影响，同时也会影响整体篮球技术教学与训练的效率。但是当下很多高校的学生，对于篮球技术以及教学规律的了解都过于表面，这主要还是与教师对篮球技术及教学规律的认识存在不足有关，所以篮球技术的教学同样也是停留在表面，难以发挥其真正的作用，学生学的知识也不够深入。

五、教师队伍整体素质不高

教师队伍中的教练员普遍存在素质不高的问题，这就导致训练的效果不够明显，教练员所选择的教学方法的效用也不强。教练员与运动员因为对篮球项目的了解不够，对于篮球的攻守关系认识得还比较浅，到真正进行投篮时往往难以掌握正确的时机，所以投篮的准确度都普遍较低。在经历过各种比赛以后，教练员与运动员没有能够及时地吸取比赛中的经验教训，导致最后对于篮球比赛攻守规律的了解仍然很片面。要想使学生掌握好相关的篮球技术，就必须要让学生学习相关技术动作的知识，而技术动作的知识内容包括了很多的方面，需要教练员制订相应的教学计划，全方位地展开相关的教学任务。很多篮球技术在教学过程中都需要教练员亲自来进行示范，或者是组织学生通过观看比赛来学习相关的技术。但是通过这些方式学生并不能很深入地了解这些技术动作的知识，而且对于各种单一动作的连接关系学生也不能得到明确的了解，同时很多教练员都不是很重视动作衔接方面的教学，所以学生在动作组合方面的能力都比较低。

第三节　校园篮球课程中技术教学方法改革与运用

一、校园篮球课程中技术教学方法的改革

高校篮球技术教学中存在很多问题，这些问题抑制了高校篮球技术教学的发展，使得我国的篮球水平很难得到明显的提高。高校开展篮球技术教学与训练不仅是为了提高学生的篮球水平，也是为了能够提高学生在运动方面的综合素质。而想要有效地改善当前高校篮球技术教学的现状，使得学生的篮球水平得到明显的提升，就需要不断地去解决当下高校篮球技术教学中存在的问题。

（一）加强学生对篮球教学的认识

在篮球技术的实际教学过程中，学生必须要对篮球运动有一个充分而且正确的认识，要让学生认识到学好篮球规范动作的重要性，从而能够让学生更加认真地对待篮球训练中基础动作的训练。另外就是在实际的训练过程中，学生的基础动作必须做到标准化、规范化。因为只有保障基础动作的规范性，才能保障后续高难度篮球技术的教学能够有效地开展。教练员可以选择几个比较重要的动作来给学生进行示范，让他们比较一下规范性动作与不规范性动作之间的区别，只有规范性的动作才能取得更加理想的上篮效果。通过这种方法可以刷新学生对于基础动作规范性的认识，从而让学生在训练过程中能够更加认真地练习。

（二）加强学生对组合动作的训练

学生要想真正地上篮球场上完成一场比赛，单纯地掌握基础动作是不够的，他们还需要掌握更加复杂的组合动作，这些动作的完美呈现是体现运动员专业水平的关键所在。在组合动作的训练过程中，教师仍然要保证训练过程的规范化，从非常细致的角度去进行这些动作的学习与练习。另外，在对动作进行组合训练时，要特别注意这些组合动作的实用效果，要确保这些动作在实际作战过程中能够有效地对另一方进行对抗。运动员要能够对这些组合动作进行刻苦的训练，熟练地掌握这些组合动作，从而能够在不断的训练中发现更多的新内容，提高组合动作的质量。教练员在实际训练过程中可以安排一些战术上的配合训练，让学生在潜移默化的过程中加强对于战术的了解，这样在真正的比赛场上时，学生就能够更加熟练流畅地将这些动作做出来，并且相对于传统的简单练习，这样的练习方式可以取得更加显著的效果。

（三）提高教师对篮球教学的理解，增强理论知识的教学

教师在教学过程中发挥着非常重要的主导作用，教师的专业能力往往能够影响教学的质量。如果教师在篮球教学方面的能力不够，那么相对应的学生的篮球能力也会受到一定程度的影响。教师在实际教学过程中要特别注意对学生理论知识的教学，另外其自身也应该掌握足够的理论知识，同时要对篮球教学的相关规律有更加深入的了解。在日常的教学训练过程中，理论知识的教学能够有效地提高学生的篮球意识，从而提高学生在训练中以及球场上的积极性。另外，教师可以通过示范来让学生更加深层次地了解相关的动作以及战术，让学生能够从多个角度出发来对相应的篮球技术进行思考。除此以外，教师的教学方式还应该具备一定的创新性，既要不断地扩展学生对于篮球运动的认识，同时又要让高校的篮球教学更加专业化，能够取得更加良好的教学效果。教师可以通过很多的方式来丰富篮球教学，比如教师可以改变一下课前的准备活动，让准备活动更加具有趣味性。

（四）重视实践与理论的融合

理论是展开实践活动的重要动力，只有具备了丰富的理论知识才能更加顺利地开展相关的实践活动。理论与实践之间是不可分割的关系，而在实际的教学过程中，只有将两者有效地融合到一起，才能取得更好的教学效果。教师在对理论知识的教学与实践活动进行安排时，要将两者均匀地进行分割，从而达到两者互相融合、互相作用的目的。在理论教学与实践教学不断融合、不断促进的情况下，篮球技术教学才能更加地有效，更加具备先进性。另外，传统的篮球理论知识在时代不断发展的背景下难免会存在很多的不足，所以还需要对其进行进一步的改善与创新。篮球运动的可创新性很大，有很多值得创新的地方，而篮球运动的实践过程就是发现创新点的重要路径。

二、校园篮球课程中技术教学方法的应用

我国体育教学的深入改革对篮球教学事业提出了越来越高的要求，因此我们应该从多维视角出发对篮球教学进行深入研究与科学探索，从而不断提高篮球教学质量，推动篮球教学事业的发展，并为其他体育项目的教学改革与创新提供良好的借鉴与参考。本节主要从多维视角下研究与探索不同教学方法在校园篮球技术教学中的应用，主要包括四个科学而先进的教学方法，分别是分层教学法、启发式教学法、掌握学习教学法以及学导式教学法。

（一）分层教学法在校园篮球技术教学中的应用

1.篮球分层教学的含义

篮球分层教学指的是在篮球教学中教师以学生的个性差异、兴趣能力差异、篮球水平差异等实际情况为依据展开针对性教学的一种教学方法。在篮球教学中，每个学生都有自己的个性，能力水平也不同，对此，教师必须做到区别对待，因材施教，采用不同的篮球教学方式进行有针对性的教学，从而让不同能力的学生都能有效掌握篮球知识与技能，促进篮球教学效率和实际效果的提高。在分层视角下进行篮球教学时，还要求在篮球教学考核中，以学生的不同层次水平为依据对考核难度进行不同的设置，将主次和逻辑关系分清，以充分发挥分层教学的作用，切实提高篮球教学水平。

2.篮球分层教学实施的基本思路

在篮球课堂上实施分层教学，首先要确定一些测试指标，依据测试结果对学生进行分层，并组建不同层次的合作小组，然后通过对不同层次目标的设定、依据目标分层教学、引导小组合作练习等环节开展篮球教学工作，基本思路如图 4-3 所示。

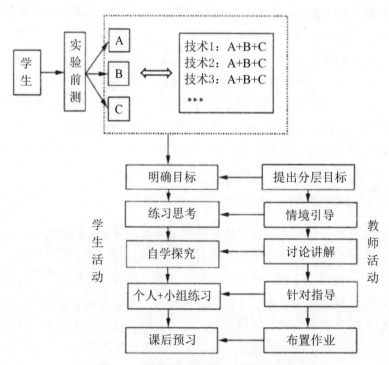

图 4-3　篮球分层教学法的基本思路

（1）学生分层

学生分层主要指的是对实验班学生的分层，教师可从学生的身体素质、学习态度及篮球技术成绩等几方面着手将学生分为 A 层、B 层和 C 层三个层次，A 层学生的特点是学习主动性高、篮球基础扎实；B 层学生的特点是学习具有主动性，篮球基本功不太扎实；C 层学生的特点是学习不自信，篮球基础薄弱。分层主要是为了对学生的基本情况有更好的掌握，并针对不同层次学生的特点设定不同的教学目标和要求，从而有序授课。分层后的小组设定主要是为了促进不同层次学生之间的互动，这样一来，教师因分层教学而顾不到全面的问题就得到了解决。此外，篮球基础薄弱的学生在篮球基础扎实的学生的带动下也能够取得明显的进步。

（2）教学分层

教学分层主要体现在以下几个方面。

①备课分层。教学分层的第一个环节是备课分层，备好课是上好课的重要保障。备课分层具体包括教学目标分层、教学内容分层、教学方法分层以及教学辅导分层等。为了更充分地备课，篮球教师需要在查阅文献、咨询专家、现场观摩分层授课等方面下一番功夫。为了促进每一个层次学生的篮球综合素质的进一步提高，在教学目标设置上不能采用传统的"一刀切"方式，而应在正确把握总体教学目标的基础上设定分层教学目标。针对上述三个层次学生提出的教学目标具体如下。

A 层教学目标：对教学大纲要求的篮球知识与技能能够熟练掌握，对拓展性的一些篮球知识与技能能够有所掌握，对所学篮球技战术能够熟练应用。

B 层教学目标：对教学大纲要求的篮球基本知识与技能能够掌握，对所学篮球技战术能够较为熟练地应用。

C 层教学目标：对教学大纲要求的篮球知识与技能能够基本掌握，在篮球应用上有所进步。

②授课分层。在整个教学分层中，授课分层是重点环节，这个部分也是最难掌控的。在篮球分层教学中，既要将教学的整体性把握好，又要将教学的层次性把握好，既要将学习能力好的学生照顾到，又要对学习基础薄弱的学生给予较高的关注。所以，教师应以篮球基础性知识与技能为起点进行授课，为了衔接好教学的整体性与层次性，应在内容递进、方法分层、难度分层等方面做好工作。

以篮球投篮为例，首先是学习基础性的投篮动作，这是三个层次的学生都需要掌握的，然后以此为基础，指导 A 层学生在不同角度练习投篮，巩固 B

层学生在选定的一两个点练习投篮，辅助C层学生在一个固定的位置练习投篮，在难度分层与内容分层的基础上，再引导三个层次的学生进行小组合作式投篮练习，A层学生辅助B层和C层学生，或者B层学生辅助C层学生等，从而使各个层次的学生的投篮技术与应用水平都能得到提高。

在授课分层中，因为学生经过一定时间的学习，能力水平会有相应的变化，如B层和C层学生取得一定的进步，对于原本就进步显著的学生，原有A、B、C小组组合不变，提升学习内容的难度只是针对已经进步的B层或C层学生，从而促进这两个层次学生的篮球水平不断提升。

③评价分层。在学生学习评价中，为了减少评价因素对实验结果的影响，在结束教学实验后，应由同一教师采用同一标准对实验班与对照班的学生进行评价。但对实验班的学生要进行分层评价，评价结果不纳入最终教学考核成绩，它的作用主要是发挥激励的作用。评价中，以三个层次学生的基本情况为依据采用不同的标准进行评价。

A层评价：评价标准高，以促进学生对篮球知识与技能的熟练掌握。

B层评价：以学生对篮球基础知识与技能的掌握为起点，评价标准略有难度，以此来激励学生，使学生通过努力达到标准，获得成就感。

C层评价：评价标准难度较低，通过达标评价激发学生学习篮球知识与技能的积极性。

（3）实验后测

完成教学实验后，对实验班和对照班学生进行统一测试，测试内容包括学习情趣、情感与合作表现、身体素质、篮球技术等，以对教学实验效果进行分析；同时，再次对两个班级的学生开展问卷调查，将整个篮球教学实验中学生的反馈信息收集起来，为进行实验分析提供参考。

3. 篮球分层教学中存在的问题

科学分层是进行篮球分层教学的重要前提之一，如果没有合理分层，教学效果就会大打折扣，甚至会有负面影响出现。在篮球分层教学实验中，虽然实验前和实验后都进行了测试，也取得了较好的教学效果，但总体上还是存在一些不足，具体表现如下。

（1）教学分层的标准和依据相对较为简短

分层标准和依据的不足主要体现在以下几方面。

①没有全面考虑教学分组测试的相关要素。在测试内容的选择上，仅仅选择了几个简单的测试内容，如身体素质、篮球技术等，对学生的个性、心理、

篮球锻炼年限、参赛情况等测试要素没有充分考虑。

②缺少对教学实验分组理论的深入研究。以篮球技术分层教学为例，对分层的依据与标准缺乏统一的认识，在分层教学实验的实施中，只是选择了几个常见的篮球教学测试指标，对其他因素的实验研究明显不足，尤其是缺乏深入的理论研究。为了更好地实施篮球分层教学，在篮球教学实验上还需进一步做好相关工作，在分层因素选择上要不断丰富，并不断完善分层标准和要求。篮球教师应在教学实践中积极尝试，积累丰富的分层教学实践经验，总结科学的理论结果，从而为篮球分层教学水平的优化与提高提供积极的指导。

（2）教师备课有较大的难度，上课耗费过多精力

在传统教学中，篮球教师面对整个集体来备课，备课内容、教学方法、教学要求等方面都比较统一，很少考虑分层教学因素，经过长时间的教学，这种备课思维形成了习以为常的习惯，篮球教师自身掌握的篮球知识、篮球技能和具备的其他篮球素养也与其备课形成了对等关系。但在分层教学中，教师长期以来形成的备课习惯与其自身掌握的篮球知识、技能存在供需失衡的矛盾，在分层教学实施的过程中，教师需要全面考虑备课分层、目标分层、授课分层、辅导分层、评价分层等多项内容。教师在前期要根据分层教学计划认真备课，将每一个学生的基本情况把握好，以便在分层授课时对每个层次的学生都能给予相应的关注。在分层授课时，教师需要以不同层次学生的学习情况为依据灵活调整教学目标、教学要求和教学方法，这对教师来说，要耗费很多精力，而且课堂教学压力也比较大。因此，教师的备课习惯与篮球知识技能储备与分层教学对其提出的要求存在一定的差距，教师还需要在分层教学前期做大量的准备工作。

（3）学生小组合作的效果不理想

分层教学中设置了 A、B、C 小组，这是不同层次的组合小组，旨在培养学生的合作意识，使学生互相帮助、相互促进。但在教学过程中，有时学习小组在合作学习中不敢和不愿表达自己的见解，在这一方面，教师也没有引导好，没有明确说明 A、B、C 的合作方式，小组学生在合作中缺乏角色意识，这就大大影响了合作效果。

4.篮球分层教学的对策

（1）建立完善的分层标准

①对相关规律有深刻的把握。要深入认识篮球教学规律和学生身心发展规律，对不同学生的学习规律要有正确的把握。青少年学生的个体差异不仅体现

在身体素质、篮球技术方面，还体现在非智力因素方面，而这些差异是有规律性和自身特征的。在分层教学前期，教师需要全面了解学生的这些特性与差异，对每个学生的基本特点都要有所掌握，并要建立学生档案，从而正确把握分层教学的大方向，同时在小方向上灵活进行动态调整，以构建与学生身心发展特点相符的篮球分层教学模式。

②善于从实践中总结有效的经验。现阶段，在篮球分层教学的实施过程中，同质化问题在学生分层环节上普遍存在，同一分层标准也限制了实验数据的多元性，为了对分层教学在篮球教学中产生的影响有更全面的了解，教师应打破传统思维的束缚，对学生年龄、性别、语言表达、人际关系、篮球学习能力等方面的差异都要有所掌握，要从教学实践中对能够产生积极影响作用的措施加以总结，深入分析分层教学的负面影响因素，特别是要挖掘潜在影响因素，通过个案访谈、对比分析等方式展开细致而深入的研究，从而为更好地采取分层教学模式奠定基础。

③对其他学科分层教学的经验加以借鉴。当前，物理、化学、英语以及体育其他项目等课程教学中都在采用分层教学法，分层教学法在这些学科教学中应用的突出特点是利用学生的层次性促进学生互助合作，提升教学效果。分层教学法在其他学科或者其他体育项目教学中应用的分层标准和依据可以被引用到篮球教学中，正确把握分层标准和依据，分析分层教学的规律，深入了解学生的基本情况，在篮球分层教学划分层次的依据和标准中融入有利于提升篮球教学效果的要素，充分实践，从而对教学效果进行检验。正因为学生的学习规律具有一定的共同性，所以才能在各学科之间相互参考借鉴，但每个学科都有自己的侧重点，通过对各学科差异的分析，对有利于篮球分层教学的内容加以提炼，可以使潜在不良因素造成的负面影响降到最低，从而提高教学效果。

（2）提高教师分层教学的综合素质

分层教学增加了教师的备课难度，也消耗了教师太多的精力，这并不是因为教学数量增加了，而是提高了对质量的要求，教师自身的综合素质难以把好分层教学的质量关。所以，培养与提升教师分层教学的综合素质非常必要。篮球教师可以从以下几方面来锻炼与提升自己的综合素质。

①加强对分层教学理论知识的学习。篮球教师要系统而深入地学习关于学生生理、心理基本特征的知识，以便更好地了解学生的非智力因素。教师还要学习体育学科知识和规律，增加理论知识储备，以便更好地发挥自己的组织能力，并在教学中加以创新。此外，教师还要多收集一些与分层教学有关的科研论文及教育学、心理学材料，系统学习有关知识，从而使自身的综合理论基础

更加扎实稳固。

②积极对外交流学习。篮球教师彼此之间缺乏交流互动，无法共享经验，这会直接影响篮球教学效果和整个篮球教学事业的发展。篮球教师要勇敢"走出去"，与同行及专家积极交流，集中探讨教学过程中存在的共性问题，分享自己的教学经验，集中力量对教学难点加以解决，分享交流有益的教学案例，以促进自身教学视野的拓宽、教学经验的丰富和教学能力的提高。

③提高创新能力。篮球分层教学的实施不能死板、拘泥一格，单纯用传统的办法解决分层教学中学生遇到的问题，是难以取得良好效果的。篮球教师必须要有创新思维，要在备课中预测可能出现的问题，并设计创新性的解决策略，并在教学过程中以学生的动态变化为依据及时采用相应的创新方法。

近年来，国家特别重视青少年体质健康，并在体育教学改革中提出了相关要求，出台了相应的系列政策，这都是篮球教师进行教学创新的指导纲领，教师一定要将这些政策和要求吃透，根据篮球分层教学的实际情况不断提升自己的创新能力，以使篮球教学效果得到最大限度的优化。

（3）加强对学生团队合作精神的培养

在篮球分层教学中培养学生的团队合作精神，关键在于激励分层小组发挥团队精神和团队作用，具体方法如下。

第一，篮球教师要多布置一些需要学生合作完成的学习任务，如篮球技术配合任务，通过设置团队小任务，使小组的凝聚力不断增强，进而使团队合作精神得到强化。

第二，篮球教师要在了解不同层次学生特点的基础上对团队合作的契合点加以把握。不同层次的学生都有自己的优势，教师要善于发现学生的优势，促进团队内成员的优势互补，进而促使团队合作意识与能力的增强。

第三，篮球教师要尽早介入团队合作中出现的各类问题中，对于团队中因情感、性格、技术等差异造成的不和谐问题，要及时采用多种方法予以解决，最大限度地降低不和谐因素。

第四，篮球教师要科学制定具有引导性和发展性的合作评价指标，以促进学生在篮球重点内容的学习上形成良好的合作意识和合作行为习惯。评价指标还要有可变性，每节课教学内容不同，评级指标也不同，要灵活变化评价指标，促进学生之间的互助与合作。例如，教师在课堂上布置3人传接球上篮技术的练习任务，在学生经过反复几次练习后，教师客观评价学生小组合作的方式、合作的默契度及合作的效果，然后指出存在的问题和改进的建议，以使学生小组在后续合作学习中能够更加高效地互助合作。

（二）启发式教学法在校园篮球技术教学中的应用

1.启发式教学的概念与特点

（1）启发式教学的概念

启发式教学指的是在充分发挥教师主导作用的前提下，依据学生的认知规律和本学科的规律，激发学生的求知欲，调动学生的积极性，从而让学生最大限度获取知识与技能的一种教学方法。

（2）启发式教学的特点

启发式教学最主要的特点是调动学生学习的积极性、主动性，以促进其综合能力与素质的发展。

①启发式教学的目的观。启发式教学的目的是让学生充分发挥自己的能动性、主动性与创造性，提升学生的学习兴趣，使其养成自主学习的良好习惯，促进其全面发展。

将启发式教学应用到篮球教学中的目的在于，让学生在学习中发挥自己的主体作用，调动学生学习篮球的积极性，从而全面、灵活、熟练地掌握篮球技巧。

②启发式教学的过程观。启发式教学的过程既是灵活多变的，也是统一协调的。在篮球启发式教学中，篮球教师应设置一定的情境，引导学生自己发现问题，具体程序如图4-4所示。

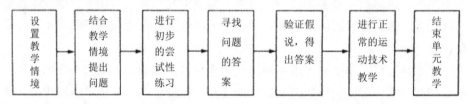

图4-4　启发式教学的具体程序

启发式教学有以下两点基本要求：

第一，充分重视对学生收敛性思维与发散性思维的培养；

第二，充分重视学生智力因素以及非智力因素的全面发展。

③启发式教学的课程观。启发式教学与过去"填鸭式"的教学方式是相对的，启发式教学强调在课堂教学中采取各种有效的方式引导学生积极独立思考，以自主获得新知识。

篮球启发式教学的课程观强调的是学生的自主创新、实战练习，充分发挥学生的创造性思维，获得可观的学习效果。

2. 启发式教学视角下篮球教学模式分析

随着体育教学改革的不断深入，传统体育教学模式的弊端越来越明显，学生学习的需求难以得到充分的满足。传统体育教学模式单一、死板，只关注传统技术动作，不重视传授技术效果，从而导致学生在实践中无法灵活运用所学的技术。针对这种情况，改变传统的教学模式最为关键，不同的教学模式都有自己的优势、运用范围、运用条件与运用时机，转变传统思想，更新观念，对新的教学方法和模式进行积极的研究与探索是非常重要的。目前，如何让学生对篮球课产生兴趣，如何提升学生的专项技能，如何改善教学的效果，如何让教学方法适应学生自身状况，这些都是目前篮球教学的全新课题。

篮球在体育院校是一门专业必修课，在体育教学改革中，有一个始终不变的热点就是篮球教学方法的改革，这同时也是改革的难点。在体育教学的改革历程中，体育教师一直以来都在深入研究如何改革篮球教学方法，如何提升学生学习篮球的兴趣，并最终提升篮球教学的质量。到现在，这些方面已经取得了一些可喜的改革成果。但在篮球教学中，因为对现代体育教学思想的理解不全面，再加上受到传统教学思想的影响，导致仍有一些教师采用传统单一的教学模式与方法进行篮球教学，从而导致无法实现预期的教学目标，并遇到很多瓶颈与障碍。启发式教学思想的学生观指的是学生是一个完整的个体，教学活动在学生的一生中是一段极为重要的经历。

在篮球教学中，对学生全面性的培养目标体现在意、行、知、情等方面，学生若在教学中实现了长足的发展，便会反作用于教学，优化教学。篮球教学不但可以提升学生的认知能力，还能使其情感控制力得到提升，使其情感体验更加丰富而深刻。

3. 篮球启发式教学的评价方法

篮球考核包括理论考核与实践考核。前者主要包括平时作业完成情况、课堂提问等内容，要求简单实用、针对性强；后者包括传接球、多种变向运球与一分钟投篮等。下面主要探讨实践考核的方式。

（1）传接球

①测试方法。两人从端线外开始同时向对面球篮进行行进间传接球，然后行进间上篮（若未投中，不补篮），抢篮板球后返回，往返两次，最后依次上篮，投篮出手后停止计时。

②成绩评定。依据受试者的成绩来排名，只需记录最佳成绩。

③技术规格评定。传接球测试的技术规格评定见表4-1。

表 4-1　技术规格评定

等级	分值（分）	评分标准
优	10 ～ 8.6	动作正确、协调实效、连贯
良	8.5 ～ 7.6	动作正确、协调
中	7.5 ～ 6	动作基本正确、协调
差	＜ 6	动作不正确、不协调

（2）多种变向运球上篮

①测试方法。受试者站在篮球场端线中点，面向前场，右手运球到Ⅰ完成背后运球变向动作，然后左手运球到Ⅱ，做转身运球变向动作，接着用右手运球到Ⅲ完成胯下运球后再换左手上篮。受试者在球中篮后，用左手运球返回Ⅲ，然后背后运球，换右手运球到Ⅱ，后转身变向运球到Ⅰ，右手胯下运球，再右手上篮（图4-5）。

球中篮后重复一次，然后回到原处，停止计时。

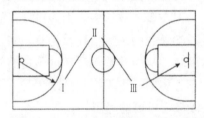

图 4-5　多种变向运球上篮示意图

需要注意的是，篮球场上的Ⅰ、Ⅱ、Ⅲ三个标志，指的是以40厘米为半径的圆圈，在测试时，受试者必须一脚踩到圆圈内或圆圈线上方可变方向。

②成绩评定。依据受试者的成绩排出名次，只需记录最佳成绩。

③技术规格评定。变向运球上篮的技术规格评定同表4-1。

（3）投篮

①测试方法。以篮圈中心的投影点为圆心，55厘米为半径画弧，受试者在弧线外连续进行2分钟的自投自抢，投篮方式不限，记录投中次数，共测2次，记录最佳成绩。

②成绩评定。根据投中次数排列名次，只记录最佳次数。

③技术规格评定。投篮测试的技术规格评定见表4-1。

（三）掌握学习教学法在校园篮球技术教学中的应用

1.掌握学习理念解析

掌握学习理念是以人人都要达到预期学习目标为基础，以基本学习能力和能力发展趋势及不同基础的学生团队为前提，在学习过程中以形成性评价为主要评价体系，结合个性化的教学方法，使班级学生都达到预期教学目的的教学理念。

目前，在篮球教学中，有很多教师依然习惯采用传统教学方法，只有少数教师在教学中应用"掌握学习"的方法。可见该方法还不够普及。造成这一现象的主要原因有传统教学思想的影响、缺乏对该方法的宣传、教师没有认识到掌握学习教学的意义与作用、教师缺乏实施这一教学方法的综合素质等。在之后的篮球教学中，应针对这些实际问题逐一改善，以在掌握学习视角下提高篮球教学的效果。

2. 掌握学习教学目标分类理论

在体育教学中参考一定标准对教学目标进行划分，有利于预期教学目标的达成和对教学资源的充分利用。在掌握学习教学理论中，教学目标主要有以下三类。

（1）认知目标

认知目标强调学生的技能掌握情况和对已学知识的巩固情况。

（2）情感目标

情感目标强调学生学习的兴趣、态度和自主性。

（3）技能目标

技能目标强调学生的动作技能培养效果。

教学目标分类如图 4-6 所示。

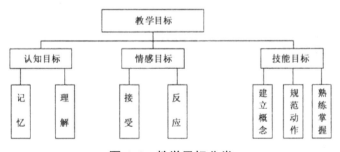

图 4-6　教学目标分类

对教学目标的划分不是越细越好，而且注意相互间的顺序和逻辑关系，要便于对教学顺序进行合理安排，以便更好地引导学生学习，使学生获得更好的学习效果。

根据上述分析，可以建立篮球教学目标体系，如原地单手肩上投篮教学目标，如图 4-7 所示。

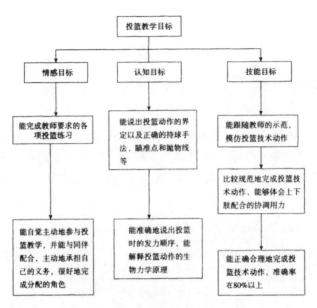

图 4-7　投篮教学目标

3. 掌握学习教学法的意义

掌握学习教学法是学生利用学习时间学会相关内容的新型教学方法。掌握学习教学法具有以下几方面的意义。

（1）有利于形成新的教学观

传统教学对教师的主导地位过分重视，而对学生的主体地位则不够重视，学生学习的积极性和主动性因此而受到严重的影响。掌握学习教学法直接面向广大学生，对学生应该达到什么目标提出了明确的要求，对学生学习进行直接的引导，学生的主体性和能动性得到充分发挥，学习的积极性被成功调动。采用教与学的双向方式能够有效提高教学水平。掌握学习中既有针对教师教学的目标，也有针对学生学习的目标，充分发挥教师的主导作用和学生的主体性，并将二者密切结合，对培养新型人才特别有意义。

（2）有利于形成新的学生观

学生的学习成绩呈正态分布，这是一种传统的学生观，学生尤其是后进生的发展在很大程度上受到了这种观念的制约与束缚。布卢姆提出，"人人都能学习"，只要每个学生的学习时间充足，并给予其恰当的引导，学生的学习成绩都能有所进步，这时学生的学习成绩将呈偏态分布，偏向高分一端。很多实验都表明，教师力图使学生学会的知识，学生是能学会的，只是不同基础的学生学会同一知识所用的时间长短不同而已。

（3）有利于促进反馈与矫正的及时性和有效性的增强

传统教学强调量的积累，教师给予的帮助和指导不够，而篮球运动对参与者的速度、协调性有比较高的要求，教师的指导与帮助对学生来说是必不可少的。掌握学习理论要求教师以课堂上的直观信息和非直观信息为依据对学生的学习情况进行形成性评价，从而促进反馈—矫正（教师）和自我反馈—矫正（学生）的形成，及时纠正错误动作，提高学习效率和动作质量。

（4）有利于班级的个别化教学

传统的教学组织形式和教学方法很难使不同发展水平学生的需要得到充分的满足，一部分学生"吃不饱"，一部分"吃不了"的现象在传统教学中普遍存在。布卢姆认为，学生智力因素并不是造成这种现象的原因，教学方法与学生的特点不适应、学生得不到较多的指导与帮助以及学生学习时间有限才是造成这种现象的主要原因。只要以学生的个性特点和学习规律为依据提供教学方法与指导帮助，那么基本上所有学生都能有所收获。

（5）有利于教学目标和教学评价的有机结合

传统教学评价不重视评价教学过程，以评价结果为主。而掌握学习教学评价注重诊断性评价、形成性评价和终结性评价等多种评价方式的有机结合。这些评价方式在教学中所起的作用都非常重要，有助于教学时效的提高和高质量地完成教学任务，也能使教学目标和教学评价得到充分结合。

4.掌握学习教学与传统教学的比较

如图 4-8 所示，传统教学以自然班的集体教学为主，教师按照教学大纲组织教学工作，教学进度统一，期末测验标准也基本统一，通过终结性评价来了解学生的学习情况。在体育教学改革不断深入的今天，传统教学的弊端已经有目共睹，必须将此作为重点的改革对象。

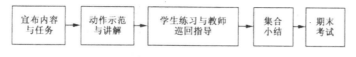

图 4-8　传统教学模式

掌握学习教学同样以班级授课为主，如图 4-9 所示，但教师依据教学大纲对教学内容分单元、分层次地进行安排与实施，而且还会定期进行阶段性评价，了解学生某个阶段的学习情况，及时发现问题，以便在后面的教学中做得更好，契合教学大纲要求。

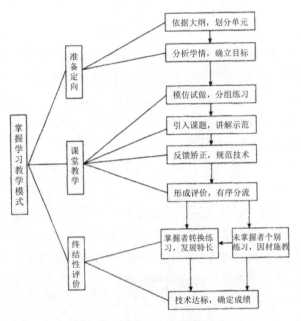

图 4-9　掌握学习教学模式

　　掌握学习教学关注学生的个性需求与个体差异，也有利于发挥集体教学方式的作用与优势，可有效提高教学质量。

　　5.掌握学习视角下篮球教学的程序

　　掌握学习教学的具体操作程序如图 4-10 所示。

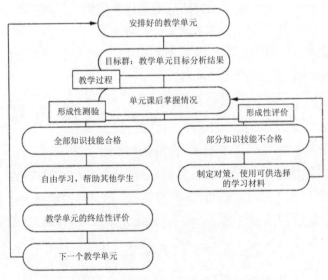

图 4-10　掌握学习教学的具体操作程序

在掌握学习视角下进行篮球教学，以下几个程序非常关键。

（1）明确教学目标，交代学习任务

篮球教师先交代本次课的目的，再引出具体教学目标，让学生清楚在本次课上要达到什么目标，从而使学生的学习更有方向。这一教学阶段的中心任务是促进学生认知结构的形成。

（2）教师指导学生实现目标

篮球教师依据教学目标、教学内容和教学对象的实际情况恰当选择教学方法，旨在实现预期的教学目标。

在篮球教学的过程中，教师要教给学生达标的方法和技巧，使学生迅速进入学习状态，积极主动地学习。教师还要编制一些具有层次性、逻辑性，且能够激发学生学习、有助于达标的辅助材料，并对学生的思维能力进行培养。

（3）形成性检测和评价

教师对预期学习目标与最终学习成果进行对照，进行形成性评价，了解哪些目标已达成、哪些目标未实现等，从而有针对性地调整接下来的教学过程，及时弥补不足，实现那些未实现的目标。在进行形成性检测与评价后，教师要针对优秀的学生和落后的学生采用不同的教学方式，对于前者，以"强化""深化"其学习效果为主，对于后者，多提供学习技巧，帮助其提高动作质量。

（四）学导式教学法在校园篮球技术教学中的应用

学导式教学法作为一种新兴教学方法，近年来在教育界经常被探讨，这种教学方法在体育学科和其他学科的教学中得到了较为广泛的应用。该教学方法在体育教学中的作用在于开发学生的智力，对学生的学习潜力进行挖掘，促进学生体育学习积极性的提升，提高体育教学效果。

1. 学导式教学法的优势

（1）发掘学生的能动性

学导式教学法将学生视为课堂的主人，该教学方法尊重学生的主体地位，旨在深入挖掘学生的潜力，进而培养学生分析与解决问题的能力，这种能力对其日后的学习与将来的工作生活都是有好处的。学导式教学法还能将学生学习的激情与动机激发出来，促进篮球教学质量的改善。

（2）面向所有学生

在传统篮球教学中，篮球教师主要是面向大部分学生而教的，并没有将精力放在所有学生身上，对学生的指导也没有做到面面俱到，这样总会导致一些学生因为得不到关注和指导而失去对篮球课的兴趣与信心。而通过将学导式教学法应用到篮球教学中，教师可以帮助学生解决学习中的问题，及时更正学习错误，教师也会在这个过程中不断改革传统教学中的不足之处，有针对性地改进与创新，采用不同的方法指导不同篮球基础的学生，使每个学生都能获得成长。例如，对于基础好的学生，适当提高要求，布置比较难的学习任务；对于基础较差的学生，要多给予指导，创造良好的学习条件，帮助其达成学习目标，提高其学习的信心。在帮助落后生进行独立自主、创造性学习方面，学导式教学法发挥着非常重要的作用。这也是其在各学科教学中深受重视的一个主要原因。

（3）促进学生全面发展

篮球教学多在室外进行，这一教学环境相对较为特殊，在室外篮球教学中运用学导式教学方法，可以调动学生学习的积极性，促进学生学习兴趣的提升和感悟能力的增强，同时能够对学生坚强的意志品质与坚忍不拔的精神进行培养，使学生不管在学习中还是在生活中，即使遇到很多困难，也能主动克服心理障碍，顽强应对，渡过难关。学导式教学法还有助于学生之间互帮互助，从而建立良好的友谊，提升班级凝聚力。学导式教学法对学生的个性化发展也有重要帮助，可促进学生综合素质能力的提升。

2. 学导式教学法在篮球教学中的应用程序

（1）教师导学

篮球运动具有较强的实践性，学生要掌握篮球知识与技能，就要学习书本知识，不断观看视频，亲身参与，反复练习，如此才能有所收获。在学生的自主学习中，难免存在自我认知与理解上的错误。为此，在学生自主练习的过程中，教师应给予积极的引导和正确的指导，使学生正确理解篮球的基本知识，如篮球发展史、特点、文化内涵、锻炼注意事项等。学生只有正确理解篮球知识，充分掌握这些知识，才能运用这些知识来指导自己的实践练习，发挥自身的自主能力，对篮球运动的技巧进行探索。此外，教师要根据学生的学习状态来适当布置一些作业，使学生的学习更有目的性。

（2）学生自主学习

在教师的指导下，学生的学习也有了目的性，学生会逐渐明确自己的学习目标，并在自我学习意识下不断学习与巩固篮球知识与技能，使自己的篮球知识越来越丰富，篮球技能水平越来越高。在自主学习环节，小组成员之间可自由讨论，相互交流学习经验与心得，针对自己的问题寻求帮助，改正不足，这在提高学生自主学习能力的同时也培养了学生的人际交往能力。

（3）师生展开交流

虽然说学生自主学习是篮球教学中非常重要的一个环节，但学生在自主学习中对篮球知识与技能的掌握毕竟是有限的，在教师教学环节中，学生会慢慢发现学习难点，知道自己需要学习和努力的地方还有很多，因此，教师的指导以及师生之间的交流与沟通非常重要，这有助于学生对实际学习中遇到的问题进行解决，并启发学生的思想，促进学生终身体育意识的形成。

（4）教师指导示范

在篮球课程教学中，如果学生只靠自己的思维模式与方法去学习，那么只能掌握少部分知识，而且对技能的掌握也不会很准确、扎实，为了提高学习的效果，教师需要系统讲解篮球的具体知识，并进行综合性的示范。在篮球教学中，要特别把握好教师的指导示范这一环节。

教师在指导时，讲解是一个主要方式，讲解时，语言应简单明了，要能使学生快速理解，学生只有在基础层面上理解了篮球知识，其篮球技能才能不断稳固，在自主学习中学习的积极性才能得到充分发挥。示范也是教师执导的重要方式之一，教师要将篮球动作的技巧、重点牢牢把握好，清晰准确地示范，让学生全面掌握动作要领，能够连贯完成各个动作。

（5）学生自我吸收理解

在篮球教学中，不仅需要篮球教师进行系统授课，还需要学生发挥主观能动性，发挥自学的积极性，在教师的指导下自主学习，养成自觉学习的好习惯，这也是提高篮球教学效果的一个重要途径。篮球教学考核需要对学生掌握篮球知识与技巧的程度进行检验，这就要求学生在学习中要善于自我吸收，在教师的指导下要主动对自己的学习所得进行总结，并对自己遇到的问题进行反思，对于自己把握不准的内容，要及时向同学或教师请教。

第五章 校园篮球课程战术教学方法理论与应用研究

在篮球教学与训练体系中，作为篮球运动重要组成部分的篮球战术是教学与训练的重点。在篮球比赛中，合理运用篮球战术有利于充分发挥运动员个人的特长以及团队整体的力量与实力，进而能够有效制约对方，掌握比赛的主动权，争取比赛胜利。学生的篮球战术能力的提高离不开篮球教学与篮球训练活动的开展，而且在教学与训练中采用创新性的、具有实效性的训练方法能够取得良好的效果，因此应加强对篮球运动战术教学与训练方法创新的研究，采用科学的、新颖的方法来指导学生的战术训练。

篮球战术是篮球运动技能的重要组成部分，也是篮球运动训练的重要内容之一。篮球运动员在比赛中合理采用战术，可以充分发挥个人作用与集体力量，保证整体实力，从而制约对方，掌握主动权，获得更多的投篮机会。可见，篮球战术在篮球比赛中发挥着至关重要的作用，因此在篮球训练中，必须加强篮球战术的科学训练，提高运动员的篮球战术水平及运用能力。本章主要就篮球战术的科学化训练进行研究，具体包含篮球战术相关理论阐析、篮球战术意识及其培养策略以及校园篮球课程教学中战术训练新方法的应用。

第一节 篮球战术相关理论阐析

一、篮球战术的基本理论

（一）篮球战术的概念

篮球战术是篮球队员在比赛中有意识、有组织、有策略地协同运用技术进行攻守对抗的布阵行动，是在一定的战术指导思想和战术意识支配下的集体攻守方法。在篮球运动比赛中，运动员不管是采用进攻战术，还是采用防守战术，都应该建立在合理运用篮球技术的基础上。

（二）篮球战术的特征

现代篮球运动竞赛的竞争十分激烈，运动员需在高速度、高强度的环境下及时果断地采取相应的对抗策略，而且必须具备超强的体能。在这一现实背景下，篮球战术也呈现出新的特征，不管是数量上，还是质量上，都有了新变化，具体特征分析如下。

1. 原则性和机动性的统一

在篮球比赛中我们总能够看到制约和反制约、限制和反限制的情景，而且运动员不管采取什么战术行动，都是在这些情境下完成的。所以，一方面，篮球运动队必须事先确立一个统一的指导思想，所有队员都在这个思想的指导下协调配合行动，这样集体的优势力量才能发挥出来；另一方面，因为篮球比赛形势错综复杂，变化莫测，所以每个运动员都要具备良好的随机应变能力，但总体上来说必须遵循统一的原则和要求，在此基础上发挥个人的能动性和特长，这样才能牢牢把握战机，赢得胜利。

2. 进攻与防守的统一

现代篮球运动竞赛中，进攻与防守这对矛盾贯穿于整个比赛过程中，而且直接从运动员的战术行动中体现出来。进攻与防守这对矛盾双方在篮球战术中是共同存在的，即防守战术中含有进攻意识，进攻战术中含有防守因素，每一个战术都是兼具攻防性质的，这就形成了丰富多样的篮球战术。例如，在全场紧逼盯人防守中，局部夹击配合的防守战术会导致攻方出现失误，这就是攻击因素在防守中的体现；而在进攻战术的基础配合中，运动员随时都在准备争抢前场篮板球，同时注意后卫队员的及时后撤，这样就能维持攻与守这对矛盾的相对平衡。

3. 个体性和整体性的统一

通常，我们在篮球赛场上看到的战术都是以集体行动呈现出来的，但具体而言，赛场上每位篮球运动员的战术行动，一方面是其个体的具有个性化的活动，运动员的个性及其技术能力往往就是从其个体行动中反映出来的；另一方面，任何一名运动员的行动都不是孤立进行的，而是在同伴的协作配合下实施的。要想充分实现篮球战术的效果，仅仅依靠运动员的个人活动是不够的，即使其个人活动具有很强的创造性与实效性，也无法取得良好的整体战术效果，而只有依靠队员之间的协同配合才能将战术行动的价值充分体现出来，实现预期的战术目标。因此，篮球战术是在个体活动中呈现整体协同特征的，这也反映了篮球战术个体性和整体性的统一。

篮球战术个体性与整体性的特征要求在篮球比赛中应对整体与个体之间的辩证关系进行正确处理，而且在平时的篮球训练中，不仅要培养队员个人的技战术能力，还要注意优化与提高集体的力量。篮球明星的作用在现代篮球比赛中日益突出，这也体现出了个体性与整体性相统一的特征。

4. 多样性和综合性的统一

篮球进攻与防守战术的方法与手段丰富多样，而且在运用上也是比较灵活的，每个队多综合采用两种或两种以上的战术来达到攻防目的。

现代篮球战术随着篮球比赛激烈化程度的提高而不断更新与发展，具体体现为内容更加丰富，形式更加灵活。篮球运动员只有对多样化的战术形式与方法加以吸收与内化，并能够灵活、综合地加以运用，才能在比赛中完成战术任务，在面对各种临场情况时才能应对自如，才能更好地去争取比赛的主动权。篮球运动比赛中，篮球战术的综合运用主要体现在以下两个方面：

第一，篮球战术行动上的统一，即进攻与防守的统一；

第二，采用一种篮球进攻战术应对多种篮球防守战术，利用混合防守、综合防守的形式应对不同形式的篮球进攻战术。

综上可知，篮球战术行动具有多样性和综合性统一的特征。

（三）篮球战术的体系结构

以篮球运动的对抗性特点为依据，可以将篮球战术划分为进攻战术、防守战术和攻守转换战术再按照战术的性质、参与战术行动的区域与人数以及战术的作用，又可以将复杂多样的战术划分为不同的类型，不同的战术类型都有自己明确的隶属关系，将这些关系网络化，我们便能够更加直观地了解篮球战术的体系结构，如图 5-1 所示。

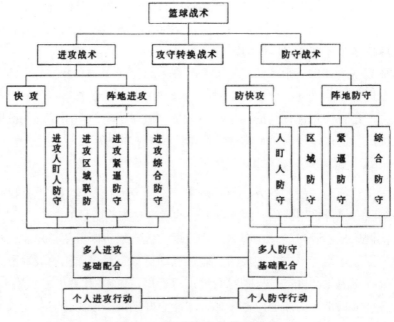

图 5-1　篮球战术的体系结构

二、篮球战术的攻防原理

（一）篮球进攻

1.阵地进攻

在篮球运动比赛中，队员按本队既定的进攻战术配合方案，在合理进攻阵型落位的基础上向对方发起进攻，旨在获取得分的进攻方式就是所谓的阵地进攻。

在阵地进攻中，进攻方要将本队特长充分发挥出来，对对方的防守打法进行限制，要对本队的阵型落位进行合理控制与把握。

一般以防守战术需要和本队特点为依据来安排与确定落位，主要贯彻的是"有利于发挥本队进攻威力"这一准则。

2.反攻

由防转攻的进攻过程就是反攻（反击）。一般来说，抢获后场篮板球，制造对方失误或犯规掷界外球，抢、断对手的球等都是赛场上比较适宜的反攻时机。

反攻时，无球队员应以战术需要和临场情况的变化为依据而合理采取行动。

例如，有的无球队员要选位接应，有的应当积极地选择跑向前场，总之无球队员要根据球、队友及对手的变化灵活地跑动与调整，采取有利于反攻的行动。而有球队员首先要观察前方有无已经跑向前场较好位置的本队队员，有则选择适宜的路线及时、快速传球，完成快攻；没有或者本队队员位置不合理，则向离自己较近的本队队员或赛前安排好的接应球员快速传出第一传，如若没有好的传球机会，就要快速向中路运球推进，同时寻找机会快速传球，使前场队员顺利接球。

（二）篮球防守

1. 阵地防守

在篮球比赛中，队员按本队已定的防守战术配合方案占据各自的防守位置，通过落位与调整落位来对对方的进攻进行抑制与阻碍的防守方法就是阵地防守。

在阵地防守中，防守方要将本队的防守特长充分发挥出来，严格限制对手的进攻。防守队员在站位的选择和调整中，要坚持"人球兼顾，以球为主"的原则，即以对手、球及球篮三者的关系为依据而及时调整位置，从而对进攻方造成威胁。

2. 封堵与退守

在篮球比赛中，一旦进攻受到阻碍，就要防备对手的反击，因而需要进行封堵与退守，从而提高成功防守的概率。例如，当投篮未进而被对手获得球权转攻为守时，对篮下获得篮板球的队员要封堵第一传，阻止其传球，使对方推迟发动快攻。而其他防守队员应采用夹击接应队员或抢占合理位置的方式快速退守。如果成功封堵与退守，并且抢断球，则开始进攻；若封堵失败，则迅速进入防守落位与调整阶段。

（三）篮球攻守转换

在篮球比赛中，能否在进攻或防守中取得优势，这与攻守之间的转换有直接关系，因而攻守转换在篮球比赛中非常重要。进攻方与防守方都非常重视对攻防转化时机的把握。从神经生理学的角度来分析，在进攻时，运动员大脑皮层的运动中枢关于进攻的技战术条件反射无疑是处于兴奋占优势状态，而当进攻结束时便会转换成六种起始状态的转换方式；相反，在防守时，运动员的条件反射无疑也处于另一方面兴奋、集中占优势状态，而当防守结束时便会换成另六种起始状态的转换方式。

以运动员在比赛中反映出来的状态为依据，可以将篮球运动攻守转换的类型划分为守转攻和攻转守两种类型，前者又包括被动转攻、主动转攻两种类型，相应地，后者也包括被动转守、主动转守两种类型。

二、篮球战术教学与训练的基础知识

（一）篮球战术教学与训练的概念

篮球战术教学与训练指的是教练员组织与指导运动员学习和练习篮球攻守战术，从而使其全面掌握篮球战术，促进其战术配合能力不断提高的过程。

（二）篮球战术教学与训练的目的

在篮球教学与训练的过程中，战术的教学与训练是一个非常重要的环节，对这一内容进行教学与训练主要是为比赛做战术准备。使运动员能够在篮球比赛中有效地运用篮球战术，从而取得主动权，赢得胜利是篮球战术教学与训练的主要目的。

（三）篮球战术教学与训练的任务

对运动员的专门素质和意识进行培养，使其掌握必要的篮球战术知识和方法，并提高其在实践中运用篮球战术的能力是篮球战术教学与训练的主要任务。

具体来说，篮球战术教学与训练的任务主要表现在以下几个方面。

1. 丰富运动员的篮球理论知识与技战术知识

在篮球战术教学中，向学生传授篮球战术配合的知识与技能是从三个层次来着手的：一是个人战术行动；二是配合战术行动；三是整体战术行动。学生学习篮球战术不仅要对个人行动进行熟练掌握，还要对相关的理论知识进行学习，通过双面的交叉来掌握配合行动以及整体行动的方法。同时，战术配合是以技术为基础的，所以，战术配合能力的提高也有利于运动员个人技术水平的充分发挥。

2. 提高运动员的协作配合能力

运动员只有在移动过程中完成多种运动技能（跳、投、组织进攻等），才能真正实现战术配合，队员之间的相互配合需要以同伴的位置与行动时机为依据来采取行动，只有综合考虑这些要素才能达到预期的战术目标。战术配合行动的完成离不开队员之间的相互沟通与联系。

3.强化运动员的篮球战术意识，提高运动员的战术运用能力

战术意识是运动员在战术活动中形成心理反应的高级形式，是人脑对战术活动的应答与反应，也是运动员在不同的赛场情况下产生的相应思维与反应，并表现在具体的行动中。运动员只有不断参加篮球运动实践，逐渐积累经验，丰富认识，才能更加深入地理解战术运用规律，进而在篮球比赛中自觉能动地对场上的攻守情况进行观察与判断，然后做出正确的应对。

4.提高运动员在实践中运用篮球技术的能力

篮球技术是篮球战术的基础，也是篮球比赛的基本手段和核心，运动员只有对规范准确的技术动作有充分的掌握，并能够熟练运用，而且可以随机应变，才能实现战术企图和目标。从本质上来说，篮球战术配合方法就是对篮球技术的合理组织与运用，不管采用何种战术，不管战术如何简单，都必须通过技术才能实现。只有不断创新与完善新技术，提高运动员的技术运用能力，才能为战术的发展与完善提供坚实的保障。

（四）篮球战术教学与训练的基本要求

教练员在组织篮球战术教学与训练的过程中，需遵循以下几点要求，这也是全体队员都必须遵守的。

①在科学战术思想的指导下采取行动，训练目标要明确。

②应使运动员真正了解和掌握所要训练的战术理论方法；教学与训练活动的组织要形象直观，能够启发队员的思维，提高队员训练的自觉性和积极性。

③全体队员要统一思想、保持一致的行动，相互帮助与协作，提高集体战斗力。

④在教学与训练中，既要强调攻守并重，又要在不同的阶段和时期有所侧重，促进队员攻守能力的全面提高。

⑤要坚持理论与实践相结合的教学与训练原则，在传授战术方法的同时，也要传授基本战术知识，同时还要培养队员的战术意识与思维，使其能够在自己判断的基础上合理采取有效的战术行动。

⑥在重点对攻守方法进行教学与训练时，必须坚持不懈，并配合其他相应的战术方法一起训练。

⑦在训练过程中，应将战术训练、技术训练、身心素质训练、智力训练等各方面的篮球竞技能力训练结合起来，这样才能整体上提高运动员的作战能力。

三、篮球不同战术行动的教学与训练

使全体队员掌握篮球战术的知识与方法，并能够在比赛中熟练运用战术，这是篮球战术教学与训练的主要任务。篮球战术内容丰富，方法多样，而且较为复杂，因此教师在篮球战术的教学与训练中应注意循序渐进、系统地开展教学训练工作。总的来说，需注意以下几方面的内容。

第一，引导学生建立正确的篮球战术概念，使其掌握篮球战术方法。一般在刚开始进行篮球战术教学时，教师可以采用分解与完整相结合的方法来指导学生。首先使学生建立完整正确的动作表象，其次对篮球局部战术配合方法进行传授，最后对全队战术方法进行传授，使学生循序渐进地掌握篮球战术方法。

第二，使学生掌握篮球攻守转换的技巧，并能够综合运用篮球战术。一般在学生至少掌握了两种全队攻守战术方法后，教师才需要结合比赛组织战术组合练习，在实践中提高学生的攻守转换能力和战术运用能力。

第三，结合比赛组织篮球战术练习，促进学生应变能力的提高。在开始比赛前，教师或教练员需先对指导思想进行明确，将基本打法确立好，再针对战术提一些基本的要求。在比赛过程中，教师或教练员要认真指导队员的技战术行动。在比赛后，教师或教练员还要对成功的经验进行总结，分析造成失败的因素，提出改进策略。

（一）个人战术行动的教学与训练

1. 个人战术行动的原则

①树立全局战术观和全局意识。

②及时准确地判断赛场形势。

③在分析判断的基础上果断做出决策，采用合理的战术行动。

2. 个人战术行动的训练内容和方法

单纯进行个人战术行动的训练，效果往往不明显，而且效率也比较低，因此要结合基础配合战术、整体战术来进行训练，在集体与整体背景下提高队员的作战能力和协作能力。战术行动离不开对技术的运用，所以个人采取战术行动的过程也就是发挥个人技术水平和提高个人技术实战能力的过程。

篮球战术训练的过程从某种程度上而言就是培养和提高个人战术行动能力的过程。基础配合战术行动和整体战术行动中都不同程度地融合了个人战术行动的内容，这从技术的运用中就能够体现出来。总的来说，在针对个人战术行

动进行训练时，需贯彻与遵循一般运动训练的规律和原则，注重对队员战术意识的培养，促进其战术运用能力的提高。

（二）基础配合战术行动的教学与训练

1. 基础配合战术行动的层次

篮球基础配合战术行动是战术形式操作层次和队员之间心理层次的协调机制，这两个层次相互联系，缺一不可。如果队员之间只是将注意力集中在操作层次的协调上，而没有建立心理和感情方面的联系，就难以在复杂多变的比赛环境中灵活应对。

2. 基础配合战术行动的训练要求

突出重点、由易到难、循序渐进是篮球战术基础配合训练的基本原则。在具体训练过程中，要让运动员对战术配合的意义有一个清晰的认识，注重对其个人技术能力和多人之间协作能力的培养，在训练中要对多人之间的配合观念、配合时机、配合位置、配合方法等重点进行强调。当运动员将基础配合战术方法掌握后，要及时结合实战来进行训练，以促进其实战能力的增强，并为整体战术行动的训练奠定良好的基础。

（三）整体战术行动的教学与训练

1. 整体战术行动的组织过程

一般来说，开始组织、配合攻击、结束转换是一个完整战术行动的三个基本阶段。这三个阶段是一个非常复杂的思维过程，运动员需要树立对抗观念、全局观念、时空观念和协同观念等才能在各个阶段中应对自如。

2. 整体战术行动中的快攻

在进攻过程中，要想先发制人，往往需要采取快攻这一有效的武器，而快攻是否能够得到预期效果，主要看快速决策是否正确、移动是否快速、配合是否得当。

3. 整体战术行动中的防守

在整体战术行动中，单纯防守比较少见，攻击性防守较为普遍，防守的基本原则是以防人为主、人球兼顾。防守的重点对象是进攻中的队员，所以防守队员不管在什么位置，都要时刻观察进攻队员的动态，在观察与判断的基础上采取相应的行动来及时防守，而且要注意在强侧和弱侧所采用的防守方法是不同的。

4. 整体战术行动的训练提示

在篮球整体战术行动的训练中，必须遵循一般训练的原则：先使运动员在消极对抗的条件下将整体战术阵势、配合路线与方法熟练掌握，再在积极防守的条件下培养运动员的战术运用能力。

第二节　篮球战术意识及其培养策略

对于篮球运动员而言，具备良好篮球战术意识对提高篮球整体水平有着很大的促进作用。篮球战术意识的培养是一个长期过程，因此应该从小做起，不断培养运动员的篮球战术意识。现阶段，很多学生篮球运动员往往对篮球的技术比较重视，而忽略了对篮球战术意识的培养，降低了运动员之间的默契度，无法让整体团队力量发挥出来，影响了篮球事业的良好发展。

在篮球事业的发展过程中，我国已经逐渐形成了健全的人才培养体系，大大推动了篮球事业的良好发展。在对篮球运动员培养的过程中，应该加大对运动员身体素质以及篮球战术意识的培养力度，确保篮球运动员的整体水平能够得到有效提高，从而为其未来的良好发展打下良好的基础。本文针对校园篮球运动员篮球战术意识的培养进行了简单的分析和研究，以期为相关人员提供借鉴。

一、篮球战术意识相关理论解析

（一）篮球战术意识的含义

在篮球运动发展的过程中，篮球战术体系的发展对其有着很大的促进作用。随着篮球战术体系的不断发展，篮球运动已经逐渐从体力运动转变为技巧运动。篮球战术体系的不断完善，很大程度上促进了篮球战术意识的形成。在对篮球战术意识进行构建的过程中，可以从三个方面进行考虑。第一，篮球运动员的整体意识。在比赛过程中，如果篮球运动员能够合理地对整体意识进行把控，就可以保证运动员全面掌握赛场上的任何问题，并且从容应对，从而为赢得比赛奠定基础。第二，篮球运动员的分析能力以及预测能力。在比赛中，篮球运动员熟练地掌握分析预测能力，可以对对方的实力以及精神状态进行合理的判断，从而为下一步的行动打下良好的基础。第三，篮球运动员的决策能力。如果篮球运动员具备较强的决策能力，不仅能够让运动员对篮球战术做出科学的判断，还可以全面提高篮球运动的整体水平。

（二）篮球战术意识的特点

对于篮球战术意识来说，其具备的特点有很多，比如协同性、灵活性、快速性等。第一，协同性。篮球运功是一项集体性非常强的项目，并且每一个技术的连接都非常紧密，因此，具备篮球战术意识可以保证全队的篮球战术达到一致，提高团队的整体水平。第二，灵活性。对于篮球运动来说，其技能和战术的变化是复杂多变的，这要求每一个运动员都不可以过于死板，被固定的战术所束缚，从而影响真正实力的发挥。第三，快速性。在通常情况下，篮球比赛会在高速度、强对抗中进行，要想将全部的动作做完是非常困难的。因此，具备良好的篮球战术意识可以让篮球的动作快速完成。第四，准确性。篮球运动对传球、投球、运球等技能的要求非常高，因此，在比赛过程中，一定要做到非常准确和快速，提高集体的整体水平。增强篮球战术意识可以让运动员发挥出全部的实力。

二、篮球战术意识发展的影响因素分析

（一）篮球战术意识主观因素分析

每一个篮球运动员都是一个不同的个体，在反映相同客体的时候也会有不同形式产生，这种情况对篮球运动员战术的形成有着很大影响。所谓的篮球战术意识，实质是篮球运动员在战术实践过程中知识和技术等的总和。要想全面提高篮球水平，篮球运动员就一定要全面提高篮球的基础理论知识。除此之外，篮球运动员还要提高自身的身体素质以及综合能力，根据自身的实际情况，在比赛中不断总结经验，提升自身的篮球水平。

（二）篮球战术意识客观因素分析

篮球战术意识的形成需要一段很长的过程，这一过程就属于客观因素。在篮球战术培养的过程中，教练员是主要的执行者，教练员水平的高低可以直接影响运动员篮球战术的培养和形成。在一支专业的篮球队中，只有具备较高的协调性才能够在比赛中脱颖而出。因此，篮球运动员在发展过程中，应该不断提高自身的水平和能力，具备能够面对一切困难和压力的强大心理，并树立良好的篮球战术意识。

三、篮球战术意识培养的重要性研究

现阶段，体育事业的发展得到了很多人的关注和重视。对于校园篮球运动而言，对学生篮球战术意识的培养非常有必要，不仅能够提高学生的整体篮球

水平，还能够促进学生的全面发展，对学生的未来发展有着重要的意义和作用。

第一，在比赛中的重要性。篮球运动是一项技巧性非常强的运动，学生的篮球战术意识可以在很大程度上提高篮球的整体水平。

第二，对学生心理健康的重要性。学生在训练的过程中，通常会产生好奇或者困惑的心理，而这种心理的形成，可以不断增强学生的思维能力以及创新能力。与此同时，教师也要对学生进行适当的引导，以增强学生的情绪自控能力，使其能够合理调整好自己的心态，从而在比赛中可以发挥出更好的水平。

四、篮球战术意识培养的有效策略

在篮球比赛中，参加比赛的学生运动员必须通过一定的战术，发挥全队的优势，不然全队水平很难提高。培养学生运动员的篮球战术意识应注意以下几点。

首选，提高学生运动员的文化素质，加强篮球理论知识的传授。随着现代体育科学向综合科学的发展，各学科对体育训练学不断渗透，推动了体育运动各专项科学训练的发展。以当前国际篮球劲旅的结构条件来看，文化素质和专项知识是必要的基础，如果仅以身体条件为立足点，整个训练只重视技术、战术、身体素质的训练，而忽视提高运动员的文化素质和篮球理论知识水平，就跟不上篮球运动的发展趋势。

其次，大力加强学生运动员的视野训练。加强运动员的视野训练具有十分重要的意义。因为运动员必须通过视觉准确地观察空间、方位和距离，进而准确判断出迅速变化的各种关系，从而确定运动方向，采取有效动作。

再次，加强技术、战术的规范训练。对每个队员来讲，掌握全面、扎实、有效的基本技术是十分重要的。篮球战术意识只有通过娴熟的、过硬的基本技术才能得到具体有效的体现，所以在训练中要使基本技术达到自动化的程度。但特别要注意的是，要在基本技战术训练中贯穿战术意识，施以战术意识的内容，把技战术训练与培养战术意识有机地结合起来，不断提高技术、战术的运用能力。

最后，重视战术思维的训练。除训练外，有计划有目的地组织学生参加比赛，是培养战术意识的最主要手段。通过比赛，学生可以对复杂的比赛情况有正确的分析和判断，能识破对方队的意图，加强本队队员之间的默契，并能将已掌握的动作技巧和战术意识根据场上变化的情况，有针对性地运用起来。

学生战术意识的培养是一个长期的，复杂而重要的系统工程，要经过艰苦的培养和训练才能获得成果。因此，教师在教学与训练中要有计划、有目的、有措施，只有这样才能提高学生篮球战术意识的水平。

第三节 校园篮球课程教学中战术训练新方法的应用

一、篮球战术训练步骤与要点

（一）篮球战术训练的步骤

1. 科学合理地制定战术

在进行篮球战术训练前，教练必须先全面了解所有球员的运动特点和性格特点，然后才能制定相应的篮球战术，只有将整个团队紧密地融合在一起，才能将团队的战斗力最大限度地发挥出来。

2. 战术关键点的教授

教练在制定完篮球战术后，必须向所有的球员详细地讲解和传达战术的要求，确保所有球员都能够全面掌握战术的精髓，并将其应用于战术训练中，为后期的篮球比赛奠定良好的基础。这就要求教练在开展篮球战术训练之前必须加强针对球员的理论知识教育工作力度，确保所有球员都能够明确自身在战术使用过程中所处的位置和任务，从而确保战术训练的顺利进行。

3. 无防守训练模式

篮球战术训练不仅需要经过循序渐进的过程，同时对于其中难度相对较大的战术，球员还必须经过反复的训练，只有这样，才能感受其真实的特点和作用。因此，在这一训练过程中球员大多不需要进行对抗，只是采取无防守类型的训练方式，就可以满足战术训练的要求。球员在这种轻松的氛围下进行战术训练，对于球员加深对战术的理解和掌握同样具有极为重要的意义。

4. 在对抗的过程中进行战术的指导

在教练向球员讲解完基础战术知识后，篮球战术训练就进入了正式的对抗训练阶段。由于球员大多刚刚使用战术，经常会出现战术生疏或者战术效果不明显的问题，这就要求教练必须充分发挥其引导和帮助作用，不仅要帮助球员树立自信心，引导球员掌握充分发挥战术效果的方法，同时还应观察球员在对抗训练过程中的动作与战术执行情况，并给予一定的指导，这样才能达到促进战术训练效果稳步提升的目的。

（二）篮球战术训练要点

1. 感觉以及知觉能力训练

针对球员感觉与知觉能力的训练主要是针对球员在出球变化过程中信息收集能力的训练，这一阶段对训练的强度和速度提出了相对较高的要求。在实际训练的过程中，教练可以采取战术与技术训练相结合的混合训练方式。如果教练采用的是单一的感、知觉能力训练方法的话，那么不仅会导致球员反应速度下降，同时也不利于训练效果的提升。这就要求教练在日常训练的过程中，必须根据球员的实际情况适当地增加快速传接球、单手运球等针对球员知觉方面的训练项目，这种训练项目不仅有助于球员反应能力的提升，同时也为球员在比赛过程中观察球场局势习惯的养成奠定了良好的基础。

2. 分析与判断能力训练

球员分析与判断能力的训练作为运动训练学的重要内容之一，其主要根据从简单到复杂、从不变到多变的原则实现促进球员分析与判断能力不断提升的目的。这就要求教练在日常训练的过程中，应将球员个人与团队训练紧密地结合在一起，以此来实现培养球员个人与球队多种分析能力的目标。另外，教练在日常训练过程中采取的接近实战的训练方式对于球员自身分析与判断能力的提升同样具有极为重要的意义。

3. 决策能力训练

针对球员决策能力的训练必须采取模拟训练与实战训练紧密结合的方式，逐渐加大球员实战训练的强度，通过实战训练达到培养球员决策能力的目的。同时，教练还应根据球员自身的实际情况，加强对球员理论知识的培训力度，以促进球员决策能力的稳步提升。

二、篮球战术教学新方法的应用

（一）微课教学法在篮球战术教学中的应用

随着科技的不断发展，社会已经进入了信息化时代，教师的教学模式开始变得不同，教学课堂也发生了翻天覆地的变化。教师可以利用丰富的视频文件、有趣的图片、生动的音频、独特的方式等提高学生对篮球的学习兴趣。其中微课的使用能够给传统的篮球教学方式带来一种创新。微课教学法对提升篮球课堂教学质量起到了十分重要的作用。

1. 微课的概念与特点

①微课的定义。"微课"指的是以新课标要求、课堂教学需求为依据，将视频作为教学载体，对教师在课堂上的精彩讲解或全部教学活动进行记录。微课包含传统型的教学方式和辅助性的教学资源，见表 5-1。

表 5-1　微课的结构

结构分类	主要因素
传统型教学方式	视频片段、教学内容、教学课件、教学作业等
辅助性教学资源	教后反思、教师点评等

通过在线观看微课，学生可以对学习内容提前进行了解，并有目的地预习和总结学习内容。篮球教师对微课的科学制作与设计可以使学生获得新的学习体验。教师在篮球教学中使用微课教学法，能够将学生带入一定的教学情境，使学生在特定情境下学习篮球知识与技术。这种教学方法对于激发学生的学习兴趣和提高篮球课堂教学效率具有积极影响。

②微课的特点。微课具有以下几个显著的特点。

第一，教学时间短。微课教学法向学生传递学习内容是以视频的形式实现的，通常时间为 6 ～ 10 分钟，这样学生能够更集中地观看和学习，与传统体育课（课时 45 分钟）相比，微课时间短，学生可以重复观看，课堂组织更方便灵活。

第二，资源容量较小。微课主要是流媒体格式，时长短，所以资源容量并不大。教师和学生在电脑、手机等媒介上观看都比较方便，这种移动教学方式也为师生之间的交流提供了方便。

第三，教学内容精简。微课具有教学内容简要、精练的特征，将其运用到篮球教学中，可使学生对篮球技术的重点、难点集中进行学习。与传统篮球课堂教学相比，这种教学方式更便于学生把握主题。

第四，利于师生互动。微课教学方式为师生之间的互动提供了便利，师生可利用手机或电脑及时交流，更灵活便捷地沟通。对于学生的反馈，教师能及时收到，从而对微课课件进行有针对性的设计与及时的调整，从而促进篮球课堂效率的提高。

2.微课教学法在篮球战术教学中的优势

篮球战术教学包括理论和训练两个部分，只有掌握了理论之后，训练才会更加有效。

在使用微课平台录制教学视频的过程中，教师可以根据不同的战术专题对微课进行命名，以此来突出课程重点。同时在教学过程中，教师可以利用多媒体技术模拟篮球场地，帮助学生理解其中的空间关系。另外，有一些微课平台提供慢放功能，教师还能用实际的赛事作为素材，截取其中的部分作为教学资料。这能够帮助学生理解在战术运用过程中的要点。

在利用微课平台进行学习的过程中，学生可以在训练之前通过教师的微课视频进行学习，并且对课堂中的重难点进行汇总，之后教师可以针对这些重难点进行反馈。学生在理解了战术要点之后，就可以开始实际训练。除此之外，学生还可以通过对微课的回顾来进行战术的复习。这种微课与训练相结合的教学模式，弥补网络授课在知识点考察以及师生互动上的不足之处。

（二）案例教学法在篮球战术教学中的应用

教学方法的选择直接关系着教学效果的好坏，案例教学法在大力提倡素质教育的背景下受到广大师生的重视，将案例教学法应用于篮球专选课战术教学中，能有效激发学生对篮球理论的学习兴趣，还有助于培养学生的语言表达能力，提高学生发现问题、解决问题的能力。案例教学法可以最大限度地发挥学生的思维，使学生通过分析思考，能够掌握相关理论知识，并提升思维创新能力。

1.在篮球战术教学中应用案例教学法的优势

在体院篮球专选课战术教学中应用案例教学法切实可行。在篮球战术教学中应用案例教学法，既有利于教师解决教学中的重点难点问题，又有助于提高学生的学习主动性，引导学生将篮球战术应用到实战中，从而提高学生的战术思维设计能力。

要想在各大体育院系篮球专选课中推广案例教学法，教师就要在课前的案例准备环节上下足功夫。传统的教学方法在时间效率与知识的系统性方面具有巨大优势。案例教学法则适用于结构复杂、难以理解的战术内容。在上课期间，教师应树立学生的主体地位，引导学生更好地了解和掌握篮球战术在篮球运动中的作用。

案例教学法的主要特征就是重视学生的学习过程，挖掘学生的创新能力。学生在案例分析中可以表现出自己的思想，显示出自己的个性特征。教师通过播放篮球比赛场景的画面，让学生对比分析不同战术配合产生的效果，分析双方攻守战术成败的原因。案例教学是主动学习的过程。这种互动学习的教学改变了传统课堂中的被动学习方式。教师可以运用大量的战术知识来分析案例中出现的各种现象。学生通过用专业的战术思维分析案例，可以促使学生将理论与实际问题相结合，无形中可以鼓励学生主动学习，积极思考。

战术教学内容是篮球课程中的重点与难点。案例教学法是一种开放式的新型教学方式。案例教学法强调要经过事先周密的筹划，通过案例分析组织学生开展讨论，形成互动交流的学习氛围。在篮球战术课程教学中应用案例教学法，首先要明确教学计划，包括教学对象、教学过程的设计等。

2. 篮球战术案例教学设计

案例教学要避免以无实践经验的学生为对象，尽量将有多元背景的学生相组合，注意所选案例内容与学生实践经验的关联性，促进在案例教学讨论中不同信息、观点的交流。

（1）篮球战术案例教学流程设计

案例教学的成功开展需要师生的共同努力，相互配合。案例教学的流程包括以下环节。

第一，创设情境。教师导入教学案例，或直接取材于实际创设教学情境。教师要根据教学需要，引导学生表达自己在教学过程中的体验。

第二，分析讨论。师生针对教学案例展开讨论交流。教师应紧扣教学目标提出具体、难易适中、启发性强的问题，引导学生积极分析和思考，先由学生进行讨论分析，最后由教师进行评析。

第三，深化理论。师生间的讨论是案例教学过程中的重点，教学案例的总结是促进学生将案例的感性认识上升到理论认识的关键环节。教师要引导学生进行理论升华，通过直观形象表现知识内涵，帮助学生构建科学系统的理论知识网络。

第四，应用评价。教师指导学生对案例进行综合评价，这是对课堂案例教学的延伸。

（2）篮球战术教学案例的选择

案例选择是案例教学的核心，案例的选用原则包括三点。第一，真实典型性。要选用生活中的实际问题，要能抓住教学的重点，以确保案例的教育性与启发性。所选案例应难易适中，以有效调动学生参与教学的积极性。第二，科学完整性。所选案例要有根据，不能空穴来风，要确保案例的真实性与严肃性。

案例的表述要完整清晰。第三，积极教育性。所选案例要具有教育启发意义，要注重案例的真实性、教育性，同时也要防止案例对学生产生负面消极影响。

案例教学的效果也与所选案例密切相关。教师在选用案例时应注意以下几点。首先，案例内容要与讲授的理论知识相结合。选用的案例必须与课堂讲授的理论知识有相关性。其次，教师在教学讨论中应发挥积极的引导作用。教师要专心倾听学生的陈述，鼓励学生畅所欲言。最后，科学设计案例教学模式。案例教学的开展，需要构建与之相适应的教学模式。案例教学要围绕特定的教学目标进行。教学模式要具有可操作性与实效性，要有利于师生的双向交流。

第六章　校园篮球课程中智能教学方法理论研究

在竞技篮球场上，篮球运动员的心智能力是提高其竞技水平的重要组成部分，本章将重点对篮球运动员心智能力的科学化训练进行研究，主要包括篮球运动员心智能力相关理论阐析、篮球运动员心理能力训练内容与方法以及篮球运动员智能训练理论与方法。

第一节　篮球运动员心智能力相关理论阐析

一、心理能力基本理论阐析

心理能力包含很多方面，其主要包括动机、认知、自信心、注意力以及应激、唤醒与焦虑等。

（一）动机

动机是指推动一个人进行活动的心理动因或内部动力。它能引起并维持人的活动，将该活动导向一定目标，以满足个体的念头、愿望或理想等。

1. 动机的分类

根据不同的划分标准，可将动机划分为以下几类。

（1）按动机来源分类

①内部动机。内部动机是指以生物性需要为基础，通过积极参加某种活动，应付各种挑战，从中展示自己的能力，实现自己的价值，体验莫大满足感和效能感的动机。它是汲取内部能量的动机，从内部对行为进行驱动。内部动机能够对人起激发作用，其行为的动力来自内部的自我动员力量。

②外部动机。外部动机是指以社会需要为基础，人通过某种活动获得相应的外部奖励或避免受到惩罚以满足自己的社会性需要的动机。它是汲取外部力

量的动机，从外部对行为进行驱动，其行为的动力来自外部的动员力量。

内部动机与外部动机是相互影响、相互促进的关系。外部动机对内部动机的影响既可以是积极的也可以是消极的，既能起到加强内部动机的作用也能起到削弱内部动机的作用。这主要取决于奖励方式对运动员的刺激程度。如果奖惩得当，则外部奖励甚至小范围内的惩罚都有可能激发运动员的正确行为，并促进外部动机向内部动机的转化；反之，则会破坏内部动机，得到相反的效果。

（2）按兴趣分类

①直接动机。直接动机是指以直接兴趣为基础，指向活动过程本身的动机。例如，有的运动员对于自己所从事的运动本身感兴趣，认为它是对自己身体机能的积极挑战，从中可以最大限度地发挥和体现自己的潜力，这种训练动机就属于直接动机。

②间接动机。间接动机是指以间接兴趣为基础，指向活动结果的动机。例如，有的运动员对比赛本身不感兴趣，仅仅认为这是所必须克服的困难，这样的动机就属于间接动机。

2. 动机的培养与激发

（1）满足运动员的各种需求

①追求刺激和乐趣的需要。篮球训练是一个长期的过程，也是一个枯燥的过程，如果训练安排枯燥无味，或者对运动员提出了过高的要求，那么运动员就会失去训练的乐趣，运动动机就会明显下降。

②获得集体归属感的需要。不论从事何种职业，任何人都要有一定的归属感，运动员参加运动训练就希望能成为运动集体中的一员，只有感觉到自己在集体中的价值才能建立积极的动机去为团体赢得荣誉。因此，教练员可以利用集体的行为规范、集体的目标、集体的荣誉感来激发运动员的成就动机。

③展示自我的需要。运动员在参加训练和比赛时，最普遍最强烈的需要就是感到自己是有价值的需要。这种需要是由运动员归因的特点决定的，一般来说可以分为两类：一是成功定向的运动员；二是失败定向的运动员。无论对于哪一类运动员，自我价值感都是他们最为珍惜和悉心保护的精神财产。展示自己的才能并使他人承认自己的价值，或者不必得到他人的尊重而只需自认为有价值有能力，都可以满足这种需要。

需要注意的是，对于失败定向的运动员，教练员应帮助其重新确定目标，并尽可能地通过采取必要的措施和手段来满足运动员展示自我的需要，这样才能有效地激发他们的训练动机，提高训练的质量和效果。

（2）运用强化手段培养动机

强化是指出现可接受的行为时，或者给予奖励，或者撤除消极刺激的过程。强化手段利用得当能很好地培养和激发运动员的训练动机，但是如果运用不当，就有可能对动机造成极大的破坏。一般情况下，强化的方法要优于惩罚的方法，因为它比惩罚更能鼓励正确的行为，当然适当的惩罚在某些时候也是必要的。运用强化手段培养动机时，要注意以下几点：

①明确规定应获奖励的行为、奖励的条件以及奖励的标准，奖励要适当，要以能激发运动员的动机为标准；

②最好对达到标准的良好表现进行没有规律的强化；

③鼓励运动员间的相互强化；

④奖励不是最终目的，其目的是加强内部动机。

（3）采用依从、认同和内化方法培养动机

①依从方法。依从方法是指利用外部奖励和惩罚的作用来激发动机的方法。该方法是激发动机的有效手段，特别是对那些自我观念淡薄的运动员来说，尤其如此。

②认同方法。认同方法是指利用教练员与运动员之间的关系来激发动机的方法。这种方法能有效地激发运动员的运动动机，但需要教练员和运动员保持良好的关系，使运动员能按照教练员的要求去做。

③内化方法。内化方法是指通过启发信念和价值观来激发动机的方法。

（4）自我调整以引发动机

大量的实践表明，运动员通过进行自我调整，可以加强动机，促进责任感和自我价值感的发展。这一点对于培养和激发运动员的运动动机尤为重要。一般来说，在运动训练中，教练所做的训练安排还是比较适合运动员发展的。但只有运动员最了解自己的实际状况，一旦运动员学会了如何设置训练计划，他们就有可能会设计出更好的适合自己发展的计划。

因此，教练员应根据运动员的能力和水平，在有组织的范围内下放权力，培养他们的责任心、自觉性以及在有限条件下做出正确决策的能力，这样能有效地激发运动员的运动动机。

（二）认知

人的认知能力是与生俱来的，同时也受环境、年龄等多种因素的影响。认知过程是指人在认识客观事物的活动中表现出来的各种心理现象。在篮球运动中，认知是最基础的心理能力。

1. 感知觉能力

感觉是在事物的直接影响下，大脑对于事物个别属性的反映。例如，听到声音、看到颜色、嗅到气味、觉察到运动等，都是感觉。知觉是在事物直接影响下，大脑对事物整体的反映。当客观物体直接作用于各种感觉器官时，人脑中便产生了这些事物的整体形象，即知觉过程。

感觉和知觉都是人脑对于直接作用于感觉器官的客观事物的个别属性和整体的反映，是认识的开端和起点。在篮球训练中，运动员要想掌握和发挥篮球运动技术首先要有敏锐的感觉能力，即要有较高的感受性，这样才能更好地感知动作和各个动作之间的微小区别，及时发现细微的错误动作。较高的感受性还能使运动员迅速感知外界刺激，从而加快反应速度。篮球运动员应该加强对篮球相关理论知识和实践知识的感知训练。

2. 思维能力

思维是一种人脑对事物本质及规律性的认识活动，如对人的认识，感知觉只能反映出各种各样的、具体的、活生生的人，而思维则能舍弃人的具体的形象、肤色、面貌、解剖构造等非本质特征，而把人能够制造生产劳动工具、使用工具，进行社会生产活动，并具有语言、思想意识和高级感情的本质特征概括起来。一个人通过练习可以学会某一运动技能，但要提高这种运动技能的水平却必须通过思维掌握这种运动技能的本质和规律。在比赛时，由于比赛场面复杂纷繁，情况瞬息万变，所以，篮球运动员在进行训练的过程中，要保持思维的独立性、敏捷性和深刻性，这样才能保证训练的质量，进而在比赛中发挥出应有的水平。

（三）自信心

优秀的篮球运动员除了拥有良好的技术和体能之外，往往具有强大的自信心，自信心能帮助他们很好地进行训练和比赛，从而发挥出自己的篮球运动水平。

1. 运动自信的概念

自信是指一个人相信自己，对自己所知道的事情、能够完成的事情或任务确信不移。运动自信是指运动员，相信自己能够成功完成某项运动任务的信念。其中的运动任务可以是学会某项篮球技术，或者是从运动损伤中康复等，虽然任务不同，但其中的共同点都是相信自己能够完成这项任务。

2.运动自信与运动表现

运动自信在一定程度上影响着运动员的运动表现，主要的原因包括以下几个方面。

①自信是决定一个运动员成功表现的重要心理技能，自信是心理韧性中最重要的心理技能。

②自信可以有效区分运动员是否成功，这是因为成功运动员的自信程度更高，他们的焦虑水平较低，有更多积极向上的想法，消极的想法很少。另外，不仅个体的运动自信能够预测运动员的成功，集体自信也会影响团队的运动水平，自信程度越高，其运动水平越高。

③自信，在一定程度上可以调节运动员的焦虑水平，较高自信的运动员可以对焦虑进行积极调节，使个体重新调整情绪，进而对运动成绩产生影响。

3.运动自信的培养策略

（1）引发一定的成功体验

相关研究表明，获取一定的成功体验，可以提升一个人的自信，并促使产生更多的成功行为。运动员如果在平时的训练中体验到成功的乐趣，如在篮球运动训练中，多次成功地完成持球突破的技术，那么就会对自己的能力充满自信。因此，教练员可以创设一定的运动情境，让运动员在平时的训练中就能获取一定的成功体验，以提升其对自身能力的认可程度，从而提高运动员的自信。

（2）进行心理技能训练

进行一定程度的心理技能训练，有助于提升运动员的自信程度，具体可以采用以下几种方法进行心理技能训练。

①自我对话。自我对话是指运动员自己对自己说有关自己是否能够达到预期目标能力的话语。积极的、具有任务导向和鼓励性质的自我对话能够提升运动员的自信。运动员可以采用情绪的（如激动、投入、喜悦等），技术的（聚焦于成功执行的话语），以及记忆的（回忆先前成功体验的话语）自我对话形式，提高自信水平。

②设定一定的目标。通过对不同形式目标的设定，以及相关策略的实施，可以有效提高运动员的控制感，提升运动员的专注力，从而提升运动员的自信。

（3）建立乐观的思维定式

自信在一定程度上会影响运动员的成败归因，反过来，成败归因也会间接影响运动员的自信。乐观的运动员对比赛胜利进行内部归因，如技术好、战术正确等，进而提升自信；在遭遇失利时，会将失败归因于技术或战术不对，以保护自信。这些方式都有助于运动员成绩的提高。因此，教练应该促进运动员建立积极乐观的思维定式。

（4）重视赛前准备工作

良好的身心状态是运动自信的重要来源，因此，运动员应该重视赛前准备。在比赛前，运动员主要应对自身的身体、技术、战术和心理方面进行准备，同时对出行时间、进餐时间、赛前仪式等也都要进行充分准备。

（5）提供外界支持和鼓励

对于运动员来说，来自家庭、教练、队友和朋友的支持和鼓励，能够明显增强运动员的自信，特别是来自教练员的鼓励。

（四）注意力

对于运动员来说，注意力在很大程度上影响着比赛任务的完成质量，因此，应该注重加强运动员这方面能力的培养和提高。

1. 注意力的概念

注意力是指人的心理活动或意识选择、指向和集中于某种事物的能力。注意力促使人去选择一些符合自身需要的、有意义的活动，或者去选择一些与当前活动任务相关的各种刺激，避免那些无意义的、干扰当前活动的各种刺激，以保证个体对事物的正确认识和反应。

2. 运动员注意力的培养原则

运动员的注意力对于运动表现非常重要，因此，运动员要通过一定的方法对注意力进行培养和训练。

运动员要想在比赛中有效利用注意力，调整好比赛中注意力的指向，具体应该遵循心理定向的三个原则。

①过程定向原则。这个原则要求运动员将注意力集中于比赛的具体程序和任务中，而不要过多考虑比赛的结果以及比赛结果带来的利益。

②主位定向原则。这个原则要求运动员将注意力集中于自身，不要过多关注对手或环境因素。

③当前定向原则。这个原则要求运动员要关注场上的比赛，不要过多想已经产生的失误、之前比赛的失利或可能出现的比赛结果。

（五）应激、唤醒与焦虑

1. 应激

应激是指个体对应激源或刺激所做出的反应。应激源是指那些唤起机体适应反应的环境事件与情境。生活中发生的一系列重大事件，都有可能对我们的应对能力形成挑战，使我们感到难以应付，从而形成应激，带来身体和心理上的不适。这些生活事件打破了我们日常的宁静和平衡，需要我们去适应新的环境，因此具有明显的应激性质，应激大都来源于此。研究表明，当人处于高应激时，应避免参加竞技性强的运动，因为该类运动会增加更多的应激源，从而容易导致身体受伤。对应激的控制应注意以下两点。

（1）选择适度的运动与积极应激

应激引起机体的本能反应是"搏斗或逃跑"，这时体内动员能量的交感 - 肾上腺系统被激活，肾上腺髓质分泌更多的儿茶酚胺进入血液，血液中儿茶酚胺水平升高，如果进行搏斗或逃跑，则所动员的能量得以释放。在现代社会的应激反应中，很少有可能进行这种类型的能量释放，这种能量被动员而无法释放的状况一旦出现就会扰乱身心平衡的状态，从而损害机体。因此释放能量就成为对抗应激的一种手段。

（2）避免过度的运动与心理耗竭

心理耗竭是由情绪和精神压力而形成的一种心理现象。在运动锻炼时，长期运动强度过大，不仅会损害运动员的身体健康，而且会给运动员的心理健康带来负效应。这种负效应主要表现在心理耗竭上。心理耗竭的生理症状主要有安静时心率增加、长期肌肉疲劳、失眠、体重减轻、感冒和呼吸道疾病增加等。

2. 唤醒

唤醒是指有机体总的生理性激活的不同状态或不同程度。唤醒有三种表现：脑电唤醒（刺激使脑电出现去同步化的低压快波）、行为唤醒（非麻醉动物唤醒时伴随着行为变化）和植物性唤醒（较高水平刺激时的植物性神经系统的活动）。这三者可以同时存在，也可以单独存在。唤醒对维持和改变大脑皮层的兴奋性、保持觉醒状态有重要的作用，它能为注意力的保持与集中以及意识状态提供能量。

3. 焦虑

焦虑是指人由于不能克服障碍或不能达到目标，而体验到身体和心理的平衡状态受到威胁，形成的一种紧张、担忧并带有恐惧的情绪状态。焦虑状态含三种主要成分，分别为生理唤醒、情绪体验以及威胁、不确定性和担忧的认知表征。在一定的条件下运动员都会表现出不同的焦虑，一般来说焦虑可以分为以下几种。

（1）状态焦虑

状态焦虑是一种由紧张和忧虑所造成的一些可意识到的主观感受，也是高度自主的神经系统活动。如第一次参加重大篮球比赛的运动员，踏入球场时所体验到的紧张、不安，就属于比赛前的状态焦虑。

（2）躯体焦虑

躯体焦虑主要是由运动员自发的唤醒而引起的，通过心跳加快、呼吸急促、手心出汗、肠胃痉挛以及肌肉紧张等表现出来。

（3）认知焦虑

认知焦虑是焦虑的认知性特征，由对内外刺激的评价而引起，是含有担忧和干扰性视觉表象成分的一种不愉快的感受。躯体焦虑和认知焦虑在概念上是独立的，但在应激情境中有可能会发生改变。

（4）特质焦虑

特质焦虑是指在各种情境中产生焦虑反应的情绪倾向和行为倾向。也就是说，一个人无论在何种情境中都预先具有一种以特殊的焦虑反应方式和焦虑反应程度来对待事物的倾向，从而显示出多种情境中焦虑反应的一致性。

二、智力相关理论阐析

（一）智力的定义

根据学者们对智力的相关研究，我们可以将智力定义为包含学习能力、问题解决能力、社会适应能力以及对情绪有效运用和思考的一种综合能力。

（二）智力的分类

根据美国心理学家加德纳的研究，我们可以将智力分为以下几类。

1.语言智力

语言智力主要指的是人们处理词和语言的能力，主要包括口头语言和书面语言能力。通常情况下，善于表达、能说会道、妙笔生花的人，其语言智力比较高。

2.逻辑－数学智力

逻辑－数学智力主要是指一个人进行数学运算和逻辑推理的能力，以及进行科学分析的能力。通常情况下，律师、数学家、经济学家等人的逻辑－数学智力比较高。

3.视觉－空间智力

视觉－空间智力主要是指人在大脑中形成一个外部空间模式，并且能够运用和操作该模式的能力。通常情况下，画家、雕塑家、建筑师的视觉－空间智力比较发达。

4.音乐智力

音乐智力主要是指一个人感知，并创造音调与旋律的能力，音乐智力大部分来自天赋。

5.身体－动觉智力

身体－动觉智力是指一个人运用整个身体或身体中的一部分解决问题或制造产品的能力。通常情况下，舞蹈演员、运动员外科医生的身体－动觉智力比较强。

6.人际智力

人际智力主要指的是理解他人的能力，人际智力比较高的人比较善于处理各项人际关系，善于与人交往。通常情况下，销售员、教师、培训师、客服人员、心理咨询医生、律师以及外交家的人际智力往往比较高。

7.自省智力

自省智力，主要指人深入地剖析自己，了解自己内心感受，并进行自我内省的能力。一般情况下，自省能力高的人，往往会取得成功。

三、运动的心智反应过程

（一）感知过程

1.运动与感觉系统

（1）动觉

动觉也被称为运动觉或本体感觉，它负责将身体运动的信息传入大脑，使个体对身体各部位的位置和运动有所知觉。动觉主要由四部分组成：肌觉、腱觉、关节觉和平衡觉。当身体参与活动时，肌肉与肌腱的扩张与收缩，以及关节之间的压迫，产生刺激并引起神经冲动，传入中枢神经系统而引起动觉。动觉是发展高水平运动技能的关键。

（2）视觉

视觉是通过眼睛、视传入神经和视觉中枢产生的感觉。视觉对绝大多数运动项目来说都是至关重要的。例如，在篮球运动中，球、对方队员、同伴队员始终都在不停地运动，只有准确地观察这些空间、方位和距离上迅速变化的各种关系，才能建立正确的行动方向。

（3）听觉

听觉是通过耳朵、听传入神经和听觉中枢对频率为 20～20000Hz 的声音刺激产生的感觉。听觉刺激可以通过中枢神经系统的兴奋扩散效应，诱发动觉中枢的兴奋，从而产生节奏感，即听觉和动觉的联合知觉。

（4）触压觉

触压觉是由非均匀分布的压力在皮肤上引起的感觉，分为触觉和压觉两种。触觉是指因外界刺激接触皮肤表面，使皮肤轻微变形，从而引起的感觉。篮球运动对触压觉也有较高的要求，触觉的敏感性体现在篮球运动员的脚背和脚内侧上。

2.运动与知觉系统

（1）空间知觉

空间知觉是对物体空间特性的反映，包括形状知觉、大小知觉、深度知觉、立体知觉、空间定向等。在篮球运动中，传接球、抢断、投篮等动作的完成，都需要运动员必须首先判断出球、对方队员、同伴队员和自己的空间特征情况和彼此间的关系等。空间知觉包括两种：方向知觉和距离知觉。

（2）时间知觉

时间知觉是对时间长短、快慢、节奏和先后次序关系的反映，它揭示出客观事物运动和变化的延续性和顺序性。自然界中有规律的周期性变化和人体内部的生理变化是人们产生时间知觉的依据。

时间知觉同时机掌握和情绪态度有着非常重要的关系。例如，在篮球运动中，前锋队员投篮时除了要具有良好的技术外，还要注意投篮时机的把握。当比赛快要结束时，处于比分领先或者落后的一方运动员，对时间的知觉是不同的。前者倾向于时间过得慢，后者感到时间过得比平时快得多。

（3）运动知觉

运动知觉是对外界物体运动和机体自身运动的反映，通过视觉、动觉、平衡觉等多种感觉协同活动来实现。运动知觉包括对自身运动的知觉和对外界物体运动的知觉。

①对自身运动的知觉。对自身运动的知觉主要是通过运动分析器获得的，运动分析器的感受器分布在肌腱和韧带中的感觉神经末梢。当机体活动时，这些感受器就受到某种程度的牵拉，产生神经冲动，从而对自身机体活动有所知觉。

根据动作的形态、幅度以及时空等特征，可将对自身运动的知觉分为四类：

运动形态知觉、运动幅度知觉、自身运动的时间知觉以及身体空间位置和方向知觉。

根据动觉分析器以及其他分析器提供的信息，可将对自身运动的知觉分为八类：主动运动时的用力知觉、运动器官发生改变时的知觉、分辨运动器官活动开始与终结时的方位知觉、运动器官提升到一定高度时的用力知觉、身体运动的速度知觉、身体表面接触到外界物体时的各种触觉、躯体或运动器官位置变化时的各种平衡知觉和来自心脏的各种知觉。

这两种分类系统可以作为测量自身运动知觉的参考体系，体育教师可以根据项目的特征，在以上分类中选择适宜的方面，对学生进行专项运动知觉的测量，以促进运动技术水平的提高。

②对外界物体运动的知觉。对外界物体运动的知觉是指完成知觉外界物体的运动是依靠以视觉为主的一些外部感受器来进行的，它受到以下四个方面的制约：一是运动物体的形状大小与速度知觉成反比；二是运动物体的形状大小与运动速度知觉的下阈限及上阈限成正比；三是运动场地的变化会影响速度知觉的发挥；四是在一定范围内，光线亮度与速度知觉成正比。

（4）专门化知觉

专门化知觉是运动员在长期实践过程中形成的一种综合性知觉，它能对运动员自身运动和环境因素做出精确的分析和判断，是对运动员心理要求的一个重要方面。其特点主要包括以下几个方面：

①具有综合性，依赖多种分析器的同时活动；

②具有专项性，不同的分析器依据不同特点在不同的专门化知觉中起不同的作用；

③在专门化知觉中，动觉是其主要因素，如球类项目的球感就以高度发展的动觉为基础。

对专门化知觉的测量要因运动项目而异，需要注意的是，在测量专门化知觉时，往往采取多种方法进行测量，这比单一的测量方法更加全面和有效。另外，还要注意运动员知觉特征的个体差异性。

（二）记忆过程

人们日常生活中的一举一动，都与记忆有关。运动记忆与人体的肌肉活动密切相关，与形象记忆、情绪记忆等有明显的区别。

1. 短时运动记忆与长时运动记忆

短时运动记忆是指在对一个运动项目的练习停止后，其遗忘的速率会随着时间的变化而变化，遗忘的进程先快后慢，但其记忆的内容不会全部忘记。而长时运动记忆是指学习一项运动技能后，一旦熟练掌握，就能记忆相当长的一段时间。这两种记忆过程是在日常生活中常常发生的。

2. 运动表象

内部表象是指以内部直觉为基础，以内心体验的方式感受自己的运动操作活动，表象自己正在做各种动作。其实质是动觉表象或者肌肉运动表象。

外部表象是指表象时可从旁观者的角度看到其表象的内容，其实质是视觉表象，感受不到身体内部的变化。内部表象时的肌肉活动要高于外部表象时的肌肉活动。

3. 运动记忆中的信息加工

认知心理学认为，在短时记忆的短暂时间中，个体对产生于本身的刺激，通过知觉组织加以处理，将零散的个别信息组合成一个包括多个单元的、便于记忆的整体，这就是运动记忆中的信息加工。对任何人来说，在短时间内单纯依靠记忆是很难准确地记住太多内容的，这就需要在大脑中进行某种组合加工，以"组块"的形式存入短时记忆。

（三）思维过程

根据思维的抽象性对思维进行分类，可将思维分为直观行动思维、具体形象思维和抽象逻辑思维。人类最初发展的思维形式都是直观行动思维。一般来说，直观行动思维在个体发展中向两个方向转化：一是在思维中的成分逐渐减少，具体形象思维增多；二是高水平的操作思维发展迅速。操作思维是反映肌肉动作和操作对象的相互关系及其规律的一种思维活动，运动员掌握运动技能和表现运动技能，都需要发达的操作思维作为认识基础。这时的操作思维就不是低级的直观形象思维了。

第二节　篮球运动员心理能力训练内容与方法

一、篮球运动员心理能力训练的内容

篮球运动员的心理能力训练是在一般心理能力训练基础上，形成专项特点的心理素质的过程，其训练的内容主要包括以下几个方面。

（一）专门化知觉

专门化知觉是指运动员在长期的专项训练过程中形成的某些特殊的感受知觉，它们是一种复合知觉，也是运动员主要的心理因素之一。篮球运动员的专门化知觉，包括球感和时空感等。

1. 球感

球感是运动员对篮球的一种专门化知觉，这种知觉是在长期的坚持和训练的基础上形成的。球感是运动员对球的大小、轻重、形状和弹性等极为精细的分化，是一种综合性的知觉。良好球感的形成需要进行长期的触球训练，否则此种感知觉便会减退或消失。另外，需要注意的是，运动员在情绪激动或疲劳的情况下，球感也会出现相应的减退现象。

2. 时空感

时空感是运动员在比赛过程中，对时间和空间的视觉分析器、运动分析器和能力分析器的各种刺激物进行精细分化，并在大脑皮层中形成复杂而稳固的神经联系的结果。良好的时空感是经过大量的刻苦训练才能获得的，是运动员最重要的专项心理素质之一，它决定着运动员球感的精确度，是运动技能高低的重要标志。运动员判断能力的强弱在很大程度上依赖于时空感的强弱，运动员时空感好，则其对于比赛中球的运动轨迹、球员的位置移动等具有更好的判断，在比赛中才能够变被动为主动。

现代篮球比赛对抗激烈，场上形势瞬息万变，这就要求运动员在比赛过程中要在极短的时间内捕捉攻防的时机。为此，运动员必须拥有敏捷的反应和果断的行动。篮球运动员还要准确把握同伴、对手、篮球以及高度、速度和距离等场上信息，以便进行准确的判断。这些都是进行空间判断的重要依据。情绪的稳定是发挥运动员潜力的重要因素，也是取得比赛胜利的重要条件，其重要性显而易见。篮球教练和运动员在比赛前后应该做到如下几点。

①在比赛开始前，要防止运动员出现过于激动、淡漠或盲目自信等状态，如果出现相应的精神状态，则应该对运动员的心理状态进行深入分析，分析造成这些精神状态的原因，并告知运动员这种情绪状态的不良后果，引导其保持良好的精神状态。

②在比赛过程中，运动员应该保持适当的兴奋，而情绪稳定正是要运动员保持这种状态，以便更好地发挥其训练水平。我们知道赛场形势复杂多变，而运动员的情绪也可能表现为陶醉状态与狂热状态、悔恨状态与消极状态的交替。因此，运动员要注重自身情绪状态的变化，并进行积极调整，而教练员也要通

过针对性的暗示，鼓舞运动员的信心和斗志，消除运动员的紧张情绪，并提出相应的防范和解决消极情绪的措施。运动员要保证在比赛中精神处于振奋状态，教练员要帮助其激发比赛中最深刻和最复杂的情感，即运动荣誉感、自豪感、义务感和责任感，从而使运动员的力量、能力和意志得到最大限度的发挥。

③在比赛之后，教练员和运动员要对引起比赛成败的各项因素加以认真讨论，以提高运动员的心理素质。

（二）注意力

注意力即运动员全神贯注地确定一个目标的能力。在篮球运动中，球员的目标就是积极地进行进攻与防守，最终赢得比赛。在比赛过程中，有很多影响球员注意力的因素，包括场上球员、观众、教练和裁判等对运动员均能够产生一定的干扰，从而使其注意力不能集中，对比赛产生消极的影响。

篮球运动员要做到在比赛中不能为外界因素所干扰，从而影响自身技术的发挥。在进行排除内外消极干扰的训练时，篮球运动员要积极地运用自我暗示、想象训练、指导语等方法进行调控，克服外界的影响，将精力全部集中于比赛上。

（三）自信心

自信心是良好的心理素质的重要组成部分，它决定着一个人整体个性的全面发展。在比赛过程中，保持良好的自信心态能够使运动员保持清晰的头脑，勇敢地面对对手及相应的困难，能够顽强拼搏、超越自我。与自信状态相对的则是自卑状态，在这种状态下，运动员将会不相信自己的能力，畏首畏尾，错失很多攻防的绝佳机会。

运动员应该不断地提高自我认识，对自身形成积极的评价，发掘自身与众不同的价值。教练员应该对球员进行鼓励，对队员的能力和品质予以积极的肯定，促进其自信心的培养和发展。

（四）意志品质

篮球运动员的意志品质表现为在比赛中全力以赴地实现既定目标所做出的克服困难的努力。在比赛过程中，运动员的坚毅、顽强、果断、勇敢、沉着等意志品质相辅相成，对比赛产生了重要的影响。

运动员意志品质培养的目标就是要提高对自身的控制能力，使自身的意向、行动和行为具有高度的自觉性。这一能力的最高表现形式为自我教育，运动员能够自觉地完成相应的任务，严格地遵循相关的制度和要求，自我激励、自我完善和自我约束。具有良好意志品质的运动员能够积极克服懒惰、注意力不集中和疲劳等状况，保持不怕苦难、奋勇争先的精神，形成积极进取、永不退缩的良好品质。在心理训练时，教练员应该针对不同运动员的不同意志特点进行培养，锻炼其在困难环境中比赛的能力。

（五）情绪稳定性

情绪是心理过程的具体表现形式，是人对事物的态度及相应的行为反应。情绪稳定对于篮球运动员来说具有重要的意义，它是运动员技能正常发挥的重要保证，是运动员主要的心理因素之一。在篮球运动实践过程中，运动员的整个身心都处于极度的紧张状态，因此随着比赛的进程，运动员也会表现出多变的情绪体验，这是由篮球比赛的多变性与运动员的个性特点共同决定的。运动员的情绪变化对于比赛会产生直接的影响，因此，运动员对自我情绪的控制和调节显得尤为重要，尤其是在己方落后或处于劣势时，情绪的消沉将会使比赛形势雪上加霜。

二、篮球运动员心理能力训练的方法

（一）表象训练

1. 表象训练的概念

表象训练是在竞技运动中常用的心理素质训练方法。表象主要是指过去的感觉经验在头脑中的再现和重构过程。在平时的生活中，我们有各种各样的感觉经验，包括视觉经验、听觉经验、味觉经验和本体感觉经验。表象训练指的就是通过在暗示语的指导下，在头脑中反复想象某种运动动作或者运动情境，从而不断提高运动技能和情绪控制能力的过程。

通过一定阶段的表象训练，运动员可以巩固已经掌握的运动技能，例如，篮球运动员通过训练可以对投篮动作进行定型。在篮球比赛中，运动员通过表象训练可以还原之前在比赛中获得过的成功经历，从而调节自己的场上状态，发挥出更好的篮球竞技状态。

2. 表象训练的方法

（1）基础表象训练

基础表象训练主要包括以下几个步骤。

①向运动员介绍表象和表象训练的相关知识，通过案例和实际演练让篮球运动员了解和相信表象训练的有效性，并且对表象训练产生一定的兴趣。

②评估篮球运动员的表象能力。通过对篮球运动员进行表象测试，了解其表象能力，并了解其优势和不足。

③提高运动员的本体感觉能力。对于运动员来说，身体感觉能力非常重要，包括视觉、听觉等，在这个过程中，最重要的还包括本体感觉能力，本体感觉能力是不容易被记下来的感觉能力。

④表象的清晰性与控制性训练。清晰性和控制性是表象能力的两个重要方面。

a.表象清晰性不仅是指视觉表象的清晰性，还包括完成动作所需要感觉的清晰性。反复练习可以提高运动员表象的鲜明生动性和真实性。

b.表象控制性主要是指运动员能否操控自己的表象，如对头脑中表象的画面进行缩小或扩大。

（2）篮球专项表象训练

在经过基础性的表象训练后，运动员基础的表象能力得到了提高，随后，就可以结合篮球运动的专项技术和实际情况进行专项表象训练了。运动员可以针对篮球的具体技能进行表象训练，也可以针对具体的情境进行投篮动作的表象训练。在进行投篮动作表象训练时，运动员应该将内部表象和外部表象相结合，外部表象可以加强对动作结构的认识，内部表象可以加强投篮过程中肌肉本体感觉的体验。

结合具体情境的投篮动作表象训练，是指根据篮球比赛中的各种具体情境来实施的表象训练，例如，当比赛进入最后时刻，如果你的球队落后2分，你获得两次罚篮，或者当你的球队落后2分，教练员安排由你来执行最后一投时，这些情境都可以进行很好的表象训练。此外，运动员还可以进行上篮情境、运球突破情境和篮下脚步情境的表象训练。下面举一个具体的例子进行阐述：当比赛进入最后3秒钟的时候，你的球队落后1分，教练要了一个20秒的短暂停，布置了一个接球投篮的战术，最后一投由你来执行，暂停结束后，所有球员都回到场上，队友给你做挡拆掩护，你摆脱防守球员，调整好自己的技术动作后，跳起投篮，将注意力转移至篮筐上，将球准确地投出去，想象一下球离开手掌的感觉，你感觉到这一球肯定会进，这时，你的队友都上来跟你拥抱庆祝，你也感到非常兴奋，做出庆祝胜利的动作。

（二）注意力训练

1.篮球运动员的注意力表现

注意力主要是指人的心理活动对一定对象的指向和集中，所有的心理活动都是在注意力的指向和集中下完成的。在篮球比赛中，运动员要时刻保持注意力集中，才能发挥出自己的竞技水平，例如，在进行篮球罚篮时，运动员需要将自己的注意力集中在篮筐和篮板上，同时要忽视观众席的各种干扰和噪音，在比赛中，运动员要保持对比赛本身的关注，及时捕捉相关比赛信息，做出相应的决策和技术动作。

在篮球比赛中，运动员的注意力主要包括外部注意力和内部注意力。外部注意力主要是指运动员在比赛过程中要保持广阔的视野，进行传球跑位的选择、投篮的选择等；内部注意力主要是指，运动员要根据比赛实际情况，选择合理的技战术，及时进行比赛应对。

2. 影响篮球运动员注意力的因素

（1）唤醒水平

在篮球比赛中，运动员的唤醒水平在一定程度上影响着运动员的注意力，唤醒水平过高，会消耗运动员的过多体能，唤醒水平过低，则不能使运动员做好对比赛的充分准备。因此，应该及时调整运动员的唤醒水平，使运动员可以保持充分的注意力准备。

（2）体能水平

在篮球竞赛中，运动员的体能水平在一定程度上影响着运动员的注意力，篮球运动是一项高强度的竞技运动，运动员的体能水平非常关键，只有保持充沛的体能，才能在运动过程中时刻保持注意力集中，准确发挥自己的篮球技术，准确运用自己的战术，从而提高自己的竞技水平和比赛能力。

（3）运动技能熟练程度

在篮球比赛中，运动技能的熟练程度也会影响到运动员的注意力，这是因为，如果运动员可以熟练地掌握篮球运动技能，如左右手运球技能、脚步灵活运用技能，那么在比赛过程中，就可以投入更多的精力来关注场上其他形势。

3. 篮球运动员注意力的训练方法

篮球运动员注意力的训练方法主要包括以下两种。

（1）秒表练习

注视手表秒针的转动，先看 1 分钟，假如 1 分钟没有离开过秒针，再延长观察时间到 2～3 分钟，等确定了注意力不离开秒针的最长时间后，再按此时间重复三四次，每次间隔时间 10～15 秒。如果能坚持注视 5 分钟而不转移注意力，则为较好成绩。每天进行几次这样的练习，经过一段时间，注意力就会提高。

（2）模拟练习

主要通过模拟练习的方法熟悉运动情境中可能存在的干扰，减少干扰因素对注意力的影响，如通过对观众席的模拟训练减少助威声对运动员注意力的干扰。

（三）意志品质训练

在竞技篮球场上，良好的意志品质可以帮助运动员在场上更好地发挥出自己的运动水平，当比赛进行到关键之时，往往比拼的就是运动员的意志品质。此外，篮球运动训练也需要具有顽强的意志品质，前美国职业篮球联赛（NBA）球星科比·布莱恩特，正是因为其具有坚忍的意志品质，才在篮球场上获得了巨大的成功，因此意志品质训练是提高篮球运动员心理能力的一个重要方面。在进行意志品质训练时，应该采取以下几个方法。

1. 进行长跑训练

长跑是一项需要很强意志力的运动，通过进行长跑训练，可以磨炼人的意志力，不断提高其意志品质。

2. 观看体育励志电影

目前，电影市场上有一些体育励志电影，可以通过让运动员观看这些励志电影，让他们从中寻找启发，获得榜样的力量，以此来激发他们的潜在动力。

3. 坚持做某一项训练

让运动员每天坚持去做某一项训练，如每天早起进行体能训练、每天坚持投篮训练等，可以促使运动员养成坚持不懈的习惯，促进其形成良好的意志品质。

（四）情绪控制训练

1. 篮球运动员的情绪表现

（1）焦虑

焦虑主要是一种与身体激活或唤醒相联系的消极的情绪状态，主要表现为紧张、担心或忧虑等。在篮球运动竞赛中，运动员也会出现对竞赛的认知焦虑和躯体焦虑，这会影响篮球运动员的场上表现和发挥。

（2）心理唤醒

心理唤醒主要是指个体对自己身心状态的主观体验和认知评价，心理唤醒主要包括正性唤醒和负性唤醒，正性唤醒主要包括兴奋、愉快、自信等积极情绪，负性唤醒主要包括焦虑、愤怒等消极情绪。通过正性唤醒，可以提高运动员的竞技表现。恰当的唤醒水平有助于运动员发挥出自己的最佳运动水平，不同类型运动员的最佳唤醒水平是不一样的，与每个运动员的运动风格相关，篮球运动员应该选择与自己运动风格相对应的唤醒水平。

2. 篮球运动员情绪控制的训练方法

（1）放松训练

每一个篮球运动员，在参加大赛或者第一次参加篮球比赛时，都会出现紧张、焦虑等情绪，这都是非常正常的表现和反应，因此，必须努力学会放松。篮球运动员必须学会放松训练，放松训练的方法主要包括呼吸放松、自我引导放松、听音乐放松等。在进行放松训练时，篮球运动员应该在一个比较舒适的环境中，积极主动地参与和保持专注，运用各种指导语进行放松训练。篮球运动员可以根据自己的兴趣爱好和个人行为习惯进行赛前放松、赛中调整放松等训练，通过放松训练积极调整自己的身体状态，从而达到最佳的竞技状态。

（2）学会控制自己的认知

在篮球竞赛中，运动员要学会努力控制自己的比赛认知，积极关注篮球比赛的可控因素，如提高自己的竞赛能力、比赛表现，不要过多关注比赛观众和对手，要正确面对和处理裁判员的判罚，将自己的注意力集中在自己的竞技表现上。运动员可以通过进行自我谈话来对自身的运动状态和表现进行调整，通过积极的自我谈话来减少认知焦虑，提高自己的竞技表现。

此外，竞技比赛是残酷的，总有胜负和成败，篮球运动员应该理性合理地面对失败。在追求成功的过程中，篮球运动员要努力提高自己的各项能力，合理进行自我定位，处理好失败与成功的关系。

（3）培养自信

在篮球比赛中，自信的运动员往往会发挥出更高的运动水平，自信可以给运动员带来更好的运动表现。世界上著名的篮球运动员往往都是非常自信的。因此，应该积极通过一定的方式方法来培养运动员的自信心。

①合理进行目标设置。运动员在参加训练和比赛时，应该合理制定一定的目标，运动员通过完成所制定的目标，不断建立自己的自信心。在进行目标设置时，应该注意所设置的目标，既要具有一定的挑战性，又要具有可实现性，所制定的目标应是明确的，同时要根据训练和比赛，设置一定的短期目标和长期目标。

②进行言语激励。在篮球比赛中，运动员经常会遇到各种各样的困难和挫

折，在这种情况下，教练员应该积极通过言语激励来提高运动员的自信心和比赛表现。例如，教练员可以通过大声地言语激励，重新唤起运动员的比赛信心，从而提高运动员的竞赛能力。

（五）不同竞赛状态的心理调整方法

1. 篮球竞赛前

（1）赛前不良的比赛状态

①焦虑。赛前的焦虑是指在篮球比赛开始前的一段时间内，运动员出现一定的生理失调现象，具体表现为食欲下降、呼吸不畅、心跳加速等，并伴有注意力不集中、急躁易怒、坐立不安、动作僵硬等。

②压力过大。运动员在比赛开始前，由于对自身信心的不足，以及对比赛结果的过度重视，可能会出现压力过大，从而导致运动员处于不良状态，不能发挥出正常的竞技水平。

③想赢怕输。由于自信心的不足，运动员害怕自己在比赛中发挥不好而影响比赛的胜负，害怕投篮不中和出现失误，得失心较重，但是对于克服困难的对策很少进行考虑，在比赛过程中表现为反应迟钝、决策不够果断等。

（2）赛前心理训练的方法

赛前心理训练的目的是让运动员为比赛做好充分的心理准备，使运动员克服心理方面的不适应性，提高运动员自我调节和控制的能力，为将要进行的比赛打下良好的心理基础。赛前心理训练从比赛的具体情境出发，针对运动员赛前的具体心理状况进行相应的心理训练。赛前心理训练要把运动员的技战术能力和身体素质等各方面进行有效整合，使其效用最大化。赛前心理训练的方法包括以下几种。

①充分了解双方的打法风格和战术特点，在此基础上制定具体完善的赛前心理训练实施大纲。应明确对方球队可能采用的战术以及其相应的心理状态，然后针对其这方面的特点进行战术部署，并制定相应的心理训练的内容，形成一定的心理默契。如果能正确掌握其战术意图、心理倾向，就能够建立积极的心理影响，从而在比赛中处于主动的地位。

②赛前的模拟比赛，尤其是心理方面的模拟比赛训练是很重要的。模拟比赛，不仅能够在近似于比赛的环境中提高运动员的动作技术和战术水平，还能够提高运动员在比赛中的心理适应能力。在模拟比赛中，应着重训练队员对比赛形势的心理适应性，提高彼此的心理配合度和心理调节能力。在模拟比赛中，很多运动员都会暴露出相应的心理问题，应有针对性地予以纠正，并加强训练。

篮球比赛是集体性比赛项目，但是关键球员发挥的好坏将在很大程度上决定比赛的胜负。因此，对于关键球员应予以充分的心理训练。

③心理障碍有很多种，信心不足、过于紧张、过于兴奋等都对比赛不利，因此，在进行心理训练时，应针对不同的心理障碍采用专门性心理训练。

④在比赛之前，教练员应及时预见比赛的情况，并针对这一情况提出相应的心理调节手段，以期在比赛中熟练地运用。

2. 篮球竞赛开始后

（1）比赛中的不良心理状态

篮球运动不仅是技战术、体能的竞技，同时也是智慧、谋略和心理方面的较量。在比赛中，运动员不仅会有较强的身体负荷，同时还有强大的心理方面的负荷。心理状态有多种，包括理想的、不良的、恐惧的等，下面将对一些在比赛中经常出现的消极的心理状态进行介绍。

①过于紧张和放松。比赛中过于紧张是由于对比赛的胜负过于看重，从而要求过高、负担较重，在这一状态下，对外界的干扰会比较敏感，在特定的情况下运动员可能会失去比赛的信心。这一状况出现的主要原因在于平时缺乏相应的心理训练，在赛前也准备得不充分，从而在比赛中过于紧张。

在盲目自信的情况下，运动员会产生过于放松的心理状态，会产生松懈的情绪，从而造成比赛的不利局面。在这种心理状态的影响下，当比赛失利或处于被动地位时，运动员则会产生急躁的心理，造成犯规和失误增多，从而造成情绪的低落和不知所措。

针对上述心理状态，教练员要及时采取预防和稳定措施，如改变策略、调整打法、转换阵容等，同时，还应对运动员的心理状态予以及时的纠正。

②畏惧和缺乏自信。在面对实力强劲的对手，或面对多次胜过己方的对手时，运动员会产生一定的畏惧心理，从而在心理上处于被动地位，在比赛中无法发挥自身的正常水平。这种心理状况的产生受运动员自身性格的影响，同时，平时的训练水平也会对其产生重要的影响。

畏惧心理在比赛中表现为缺乏信心，缺乏取胜的信念，没有克服困难的积极性和主动性，在赛场上表现为斗志不高，工作也犹豫不决、缩手缩脚。另外，在这一心理状况的影响下，队员之间相互埋怨，互不体谅和理解，从而导致球场上行动不统一，打法上不协调，很多战术不能得到较好的执行，全队实力也无法发挥出来。随着战局与比分起伏，运动员情绪与心理承受能力失控，导致个人或整体陷入更为被动的局面，甚至出现不得不"主动"认输的情况。

（2）比赛中心理调整的方法

比赛中心理调整的方法主要包括以下几种。

①比赛中运动情绪的调节——提高或降低情绪的兴奋度，改变其情绪中的消极性质，使情绪保持相对的稳定。

②比赛中排除干扰——排除外在干扰因素的影响，调整运动员专项技、战术动作和配合。

③比赛中知觉调节——对专项的球感、节奏感和配合的时机感等进行知觉练习或表象记忆。

④比赛过程中战局恶化时的心理应急性调节——积极果断地做出决定，运用已备策略、战术等。

⑤比赛过程中身心疲劳或伤痛时的"忍阈"调节——改变运动员的注意焦点，降低其疼痛的敏感度，从而消除其对于伤病的恐惧心理和情绪。

3. 篮球竞赛后

（1）比赛后心理调整的意义

比赛结束之后，运动员身心俱疲，在采取相应的身体恢复措施的同时，也应该积极进行心理的恢复。赛后的心理恢复不仅对运动员的心理状态能起到一定的恢复和发展作用，对之后的比赛以及运动员个性的完善也都具有重要的作用。在比赛结束之后，运动员心理状态的变化相对于在比赛中会变得更加隐蔽，因此，教练员应该根据运动员在比赛中的具体表现，深入观察运动员的心理状态变化，对其不良心理倾向的行为进行及时的调整。赛后心理调整的主要意义在于及时发现和消除直接影响下次比赛以及运动员整个身心健康发展的不良因素。

（2）比赛后心理调整的方法

运动员比赛后的心理恢复是多方面的，其方法仍然是心理训练的基本方法。在恢复过程中，要充分结合身体、技战术等方面的恢复措施，进行有针对性的恢复，既要全面又要突出重点。

比赛过程中的各种运动情绪会随着比赛的结束而逐渐消失，但是，很多运动员的比赛成绩在比赛结束之后还会继续保持，如在比赛失败之后，相互推卸责任并迁怒于他人，又如因比赛的胜利而沾沾自喜、得意忘形等。这些消极情绪对运动员的发展和水平的提高都会产生不利的影响。因此，在比赛结束之后，可采用转移注意力、放松和改变认知等方法，积极调整运动员的消极心态和情绪。

在比赛过程中，运动员的形象会随赛场的形势而发生相应的变化，在胜利时容易产生自负的情绪，从而美化自己、夸大自己；当失败时会造成自我歪曲，缺乏客观、真实的自我评价。另外，在比赛中的关键时刻具有良好和突出的表现则能够使运动员形成良好的自信心和积极的心态，从而在以后的比赛中会表现出更多的积极性，完成自我形象的完美提升。赛后的形象修正在于恢复和提升自己，消除不真实的成分，清楚地认识自身的优点和缺点，并进行积极的发扬和抑制。常用的训练方法有想象演习法、想象训练法等，前者为整个自我形象的内心表演过程，后者是对形象中的个别成分进行修复训练。

随着现代竞技篮球的不断发展，篮球比赛之间的竞争不仅仅是体能、技战术之间的竞争，更多的是心理素质方面的竞争，因此，篮球运动员必须要学会及时调整自己的心理状态，学会一定的心理训练方法，从而不断提高自己的竞技能力和运动水平。

三、篮球运动员心理能力训练的应用

（一）表象训练在投篮中的教学过程

1. 建立正确的投篮动作表象

上课时由教师讲解、示范投篮动作，并以挂图、幻灯、录像等多媒体手段帮助初学者建立正确的动作表象，在模拟和练习该技术动作的基础上，要求初学者用自己的语言描述投篮动作。

2. 建立"表象—动作"的映射关系

练习中要求初学者在大脑中再现正确的投篮动作图像，并对照自己的这一技术动作，找出差异和不足，使自己的动作逐步逼近"表象"，产生正确的动作定型。

3. 建立"表象—动作—思维"的训练程序

表象训练法要求初学者在训练中从实战角度建立适应自己身体特点的训练程序，融表象、动作和思维于一体。其要点如下：连贯想象动作的全过程，力求完整、准确、细致；注意体验投篮时与这一动作相伴随的内心图像以及相关的生理反应；运用思维的能动性去协调心理活动与投篮技术动作之间的关系，调动尽可能多的心理和技术能量去提高投篮成绩即投篮命中率。

（二）罚篮的心理训练

1. 罚篮前的心理训练

（1）罚篮前的心理特点

运动员准备执行罚篮但是未做投篮动作时，心率加快、呼吸过快及头脑清醒度下降，罚球慌乱、轻率，特别是在以罚球得分决定胜负的关键时刻更是显得心理紧张，从而导致命中率下降。

（2）罚篮前的心理训练

①运用表象放松法有目的地做"深呼—深吸"，同时进行冥思训练，回忆投篮的规范动作，依靠呼吸的频率和冥思练习来使心率放慢，注意力集中，使自己的情绪稳定下来，主动调整心理状态。训练方法如抢后场篮板球，然后迅速运球至前场罚球区，要求原地拍球 3 次，再做 2 次深呼吸并冥思投篮动作，最后罚篮等。

②在运动员罚篮时，教练采用诱导训练法提醒运动员依次放松身体各个肌肉群，同时增强呼吸，使全身肌肉放松。

2. 罚篮时的心理训练

（1）罚篮时期的心理特点

运动员从罚篮的准备姿势到球出手期间，兴奋性和积极主动性受到抑制，精神不集中、懈怠、紧张、焦虑甚至恐惧。

（2）罚篮时的心理训练

①运动员采用自我暗示放松法来增强自身情绪的稳定性，在罚篮时边默念动作要领转移紧张情绪边做动作，便于动作形成习惯化——动力定性，即在默念"抬大臂，展小臂，手指手腕齐用力"的同时肌肉随之活动，或默念"我一定能罚中""要沉着""不要慌""我能行"等短语，充满信心进行罚球。

②在运动员进行罚球时，其他队员站在底线处，手持信号旗进行干扰，同时用功率较大的录音机播放嘈杂的声音，或者通过其他队员的喊叫进行语音干扰，借以提高运动员对环境的适应能力，为参赛做好心理准备。

3. 罚篮后的心理训练

运动员在完成第一次罚篮到准备第二次罚篮期间，由于没有将球投进，往往会产生自责感，心理压力大，导致情绪下降，或者他们无法以"平常心"对待失误，自信心不足，最后导致失误。运动员往往会因为前一球的罚中与否而产生心理波动。在训练中，运动员可以在罚完一个球后闭上眼，采用念动训练法回想上一个罚篮的动作，思索刚才动作的不足，提醒自己去克服。在训练中，教练员要注意培养运动员自我激励的能力，使其调整身心为第二次罚篮做好准备。

（三）防守的心理技能训练

1. 个人防守的心理训练

（1）表象训练

运用表象练习能更好地预测对手突破或投篮时可能要做出的动作。我们可以先了解对手的习惯动作，如防守的对手常在投篮之前做假动作，可以表象不被假动作所蒙骗，举起手以阻止他投篮的过程。如果不是很了解防守的队员，仍可用表象来训练一对一防守所必需的步法和手上动作，还可通过表象破坏对手移动的节奏。比如防守一名左撇子投手，他可能用肩膀向左做假动作，然后从右边过人急停跳投，可以表象自己不被假动作所骗，注意右路的防守，在他投篮时跳起把手放在他的面前。这至少将帮助你进入正确的心理框架，为成功防守做好准备。

（2）自我暗示

教练应帮助运动员选定适当的提示语，在进行防守的身体或心理训练时，可默念这些提示语。例如，在比赛或训练时由于几次抢断失败而信心不足时，运动员可默念"准确出击"使自己集中注意力。这一心理技能可以帮助运动员把注意力集中在适当的地方，防守时不会产生消极情绪。教练员需不断提醒运动员进行这方面的练习。

（3）注意力自我训练

运动员在防守方面要想成为"防守专家"，首先要在短时间内把注意力集中在一个目标上，这是注意力自我训练的目的。运动员要想实现这个目的，就必须充分发挥注意力的作用，把当时活动所必需的心理过程有序地组织起来，以使注意的对象有目的地转移。其次，心理上的关键是在防守时能将注意力集中在适当的范围内。注意力集中的准则是"狭窄外部集中"。

2. 集体防守的心理训练

（1）表象训练

许多球员都想过在比赛最后的关键时刻，自己球队以强悍的防守赢得比赛的情景。表象是练习这种场景最有效的方法。从心理上练习防守时的移动、站位等，有助于提高球员协助队友进行全队防守所需的技术水平。全队防守意味着场上的每名队员都必须积极参与，一旦了解全队的防守计划后，球员就必须要积极主动地练习防守技战术，并在头脑中反复强化自己的防守职责。例如，可以表象球正在场上移动，你"看见"自己移动到正确的位置，接着抢断了一个传球，随后加速运球、上篮得分，进球后你感到很兴奋，并迅速回到防守位置。运用表象可练习在多种情况下的防守，只需在脑子里反复"播放录像"就可以了。

（2）自我暗示训练

积极的自我暗示对增强自信心，消除紧张情绪都是非常有效的。通常采用的暗示套语有"我能控制自己的情绪，对方比我还紧张，主动权在我手里""观众在为我加油，他们期待我打得更好""放松稳住，胜利属于我们"等。

（3）注意力训练

在防守训练或比赛时，把注意力集中在与比赛有关且有利于全队防守的事情上是很重要的。集中注意力于对手和球，能使运动员更好地预测对方的移动并做出适当的反应。在进行全队防守练习时，使用提示语是维持注意力集中的关键点。心理技能训练对培养篮球运动员在训练和比赛中防守能力的稳定性有着重要意义。具体的训练方法很多，如秒表练习等。

（4）意志品质训练

篮球运动员的意志品质具体表现为以情感为动力，用智力来判断，有意识地对自己的行动进行自我调节和控制的心理过程。根据篮球运动防守的特点和训练、比赛的实际需要，篮球运动员的意志品质应具备实现训练、比赛既定目标的坚定性，执行训练比赛任务的自觉性，完成训练、比赛任务的主动性，比赛中激烈对抗的顽强性，以及比赛中瞬间完成抢断动作的果敢性等。

第三节　篮球运动员智能训练理论与方法

一、运动智能简述

（一）运动智能的定义

运动智能是指人在运动方面的特殊智能，是指人在运动方面的实际操作技能、运动行为能力，从竞技体育方面来看，其也是运动员异于常人的特殊智能。

（二）运动智能的组成

对于篮球运动员来说，运动智能主要包括运动员对篮球运动文化、规则的认识，对篮球技战术的掌握，以及对篮球竞赛等相关问题的理解等。

（三）篮球运动员智能训练的意义

对于参加篮球竞赛的运动员来说，通过进行篮球智能训练，可以提高其比赛能力和竞技水平，具体来说，主要包括以下几个方面：

①准确理解教练员的战术意图；

②高质量完成篮球竞赛训练的任务；

③熟练掌握篮球的各项技能；

④提高运动员的临场应变能力；

⑤提高运动员的场上决策能力；

⑥提高运动员的综合竞技能力。

二、篮球运动员智能训练的方法

（一）重视篮球教练的心理建设

在篮球专项智能培育中，对篮球教练的要求，首先是要有威信。威信实质上反映了教练和篮球运动员之间良好的关系，它是篮球运动员取得成绩的先决条件，篮球教练威信的取得是很不容易的，因为它是运动员对教练能力和品性的一种信任，取信于人从来都不是一件简单的事情。在一个新老交替的队伍里，有一条捷径，就是老队员的服从和信赖，会很快让新队员意识到这个教练的权威性。教练的存在可以化解队长的一些尴尬，否则队长换自己上场或者下场会有一个公信力和客观性的问题，容易产生矛盾。斯蒂芬·杰克逊回忆他年轻时候刚刚到马刺队训练，因为失误被波波维奇劈头盖脸一顿臭骂，心里很不痛快；过了一会儿他看见邓肯也被训斥得狗血淋头，而邓肯一言不发默默接受。他立刻就意识到，连地球上最好的球员都乖乖听话，自己最好还是老实服从。当然，什么都比不上赢球。带队获胜是提高威信最直接、有效的方式，尤其是队员按照你的要求做了以后，获胜是最好的证明。同时在篮球运动中，优秀的教练会给球队增添很多额外的信心，并且指导他们在逆境中寻找好的解决办法，从而争取获胜的机会。

（二）重视篮球运动员的心理建设

对运动员施加影响有很多方式，最重要的是你要充分明确地表达出你对每个运动员的期望。罗森塔尔效应会让运动员或多或少地按照教练期望的方向去发展自己，期待是一种很强大的力量。在不同的阶段，教练会有不同的关注点，一开始会格外在意结果以及自己的威信，之后会专注于训练比赛的过程和内容，到了最后，就会关注每个运动员、在意每个人，而人本身才是这项运动最核心的部分。要注意控制和调整运动员的心态，尤其是求胜欲望，欲望或者说动机并不是越高越好，太高了会紧张或者过度兴奋，影响动作的自然流畅和时机选择，太低了又会缺乏活力。按照耶克斯－多德森定律，中等强度的动机最有利于目标的完成。运动员都是有自己个性的，内心都有一个很大的自我，渴望表现自己得到关注，在这种情况下团队建设非常重要。不然很容易出现队员之间的矛盾，影响比赛目标的实现。要向队员强调最终的目标是什么，"我们的征途是星辰大海"，不要为了眼前一两个球、1～2min 的上场时间斤斤计较。如果最终目标实现了，大家都会很开心和光荣；而失败就是全队一起失败，谁多打了一会儿或者得了几分根本不可能感到真正的快乐。要帮助球队形成稳定的心态，面对任何对手，遇到任何处境都能平稳地发挥，不要有明显的波动。这首先要求教练自己要平稳，如果遇到弱队，教练自己不能表现出放松，否则队员会更加放松，很有可能阴沟翻船。强弱差别虽然存在，但是比赛却是没有剧本的，只有正常发挥击败对手，这个强弱才真的落实，否则只是一个虚幻的印象而已。而碰到紧急局面，教练自己不能有任何慌乱，要相信自己和队员的能力，无论怎样都还有机会，然后把这种信心传递给队员。

（三）要加强对篮球运动员的技战术训练

心理建设最终也是为了比赛的顺利进行，其中训练将改变球队的实力，而实力是一切的基础。郎平在里约强调过，如果没有过硬的技术，精神都是空谈。一旦离开体能和技术的基础，无论多么想赢，也无能为力。实际上，参加比赛的所有人都想赢，都会尽力拼搏。有的队伍容易让人产生"他们怎么不拼"的观感，其实并不是意愿上的问题，而是能力问题。没有真正有效的办法，总不能拿脑袋去撞墙。具体怎么准备是一个其实很简单，但被很多人搞复杂了的问题。在学校里经常会出现有些一知半解的教练让队员练一些很"高级"的东西，但其实并不能解决什么问题。要理解篮球比赛的本质就是一个让自己比对手得分多的游戏，那么，在寻求获胜途径的时候，就要从这个结果倒推。于是进攻和防守就变成两件很明确的事情：你自己有把握的得分手段有什么；对手的又是什么。同时要加强一些防守和体能的训练，尽量能够在对抗中获得优势。不要打哪算哪，过于随便；也不要过分追求战术设计，弄得太麻烦，反而影响自己的发挥。

（四）要重视提高教练的临场调整能力

比赛瞬息万变。虽然在训练和准备中尽可能减小不可控因素，让球队获得一种稳定性，但是到了比赛场上总会有一些意想不到的事情发生。于是这就需要教练临场做出及时准确的调整。以某市师范学院和工学院的某场篮球赛为例，上半场场面控制很好，领先 7 分。队员比较疲劳，加上比赛形势不错，所以在这种情势下，教练在第三节开局一次性换了 4 个人，结果局面急转直下，比分很快就被扳平。这时候教练再把人换回来已经很难控制对手，一度非常被动，最后追分功亏一篑，2 分惜败。暂停要及时，而且有时候要善于运用情绪来改变比赛的气氛。有些时候自己的球队可能会陷入一种被抑制的状态，而对手会越打越顺；当发现这个趋势，一定要及时打断。如果队员情绪已经比较低，那么适当发火或者表现一些愤怒，有可能会刷新双方运动员的心理状态。自己的队员可能会被激活，而对手也可能会意识到这一点然后被影响。暂停的时候如果不是具体布置某一个进攻（防守）的战术，那么交代任务要简洁，最好就强调一件事。因为队员在比赛状态当中，说太多了其实根本听不进去也执行不了，所以一定要简单，多打打气比多布置任务要有效。换人有 2 种情况：一种是需要让累了的队员休息，这种比较直接；另一种是需要改变场上的一些东西。首先，需要一些有能力、有特点的替补队员，他们可以胜任教练的需要，然后要在派他们上场的时候给他们信心，在交代任务的时候要简单明了，因为替补队员找节奏很不容易，如果任务复杂了很可能什么都做不好。当遇到裁判员的判罚出现一些对自己球队不利的情况，要冷静，不要影响队员的比赛情绪和节奏。在一些死球的时机，可以适当冷静地和裁判交流一下。其实该是你赢的比赛，只要球队自己不出问题，裁判也吹不走。但是如果球队情绪出了问题，那么一两个判罚可能影响很多个回合，那也许真的赢不了。

参考文献

［1］佐藤正夫. 教学论原理［M］. 钟启泉，译. 北京：人民教育出版社，1996.

［2］刘强. 基于多维视角的高校篮球教学研究［M］. 北京：人民日报出版社，2017.

［3］于振峰. 现代篮球战术学练设计［M］. 北京：高等教育出版社，2013.

［4］张伟，肖丰. 高校篮球运动教学理论与方法研究［M］. 北京：新华出版社，2019.

［5］张海利，张海军. 现代高校篮球教学理论与方法研究［M］. 北京：新华出版社，2015.

［6］朱明江. 高校篮球运动教学开展的理论与实践［M］. 北京：中国水利水电出版社，2017.

［7］胡永. 篮球运动教学与训练体系的优化及实践探索［M］. 北京：中国水利水电出版社，2019.

［8］毕永兴. 校园篮球课程教学方法与改革人才培养研究［M］. 太原：山西经济出版社，2020.

［9］孙建国. 体能学练方法设计与实际运用研究［M］. 北京：中国书籍出版社，2018.

［10］王腾. 浅析不同年龄阶段学生的体育学习方法［J］. 教育教学论坛，2011（9）.

［11］李晓宇. 分层教学在高校篮球教学中的应用分析［J］. 田径，2019（1）.

［12］陈进然. 微课在高中篮球教学中的应用研究［J］. 体育世界(学术版)，2018，785（11）.

［13］冯洪，郭苏芝．篮球战术教学思维训练模糊控制的应用研究［J］．北京体育大学学报，2007（2）．

［14］张蕾．案例教学在篮球课中的应用研究［J］．西部皮革，2017，39（6）．

［15］严伟．青少年篮球运动员体能训练存在的现实问题与对策研究［J］．当代体育科技，2020，10（5）．

［16］马腾．青少年篮球运动员体能训练存在的问题研究［J］．当代体育科技，2020，10（1）．

［17］康涛，张改芝．新形势下高校篮球技术课教学改革的探讨［J］．才智，2020（12）．

［18］李有荣．高中篮球运球技术的教学与研究［J］．当代体育科技，2020（24）．

［19］吴钻云．篮球教学之传球技巧探讨［J］．当代体育科技，2019，9（35）．

［20］曾伟志．论篮球教学训练中技术概念界定及其分类的理论误区［J］．体育世界（学术版），2015（3）．

［21］郭志勇．关于体育课堂篮球技术的教学方法研究［J］．当代体育科技，2020，10（8）．

［22］陈理．篮球战术案例教学设计的几点思考［J］．科技资讯，2018（31）．

［23］邢恩倩，郗玉石，谢志程．青少年篮球运动员战术意识培养与训练的探索与研究［J］．科技资讯，2014，12（18）．

［24］沈小勇．篮球训练中如何进行篮球战术的训练［J］．当代体育科技，2018，8（8）．

［25］龙勇．篮球运动技术、战术的创新规律及其战术特点［J］．体育世界（学术版），2017（3）．

［26］徐小荷．心智训练在篮球运动中的应用研究［J］．广西教育学院学报，2013（6）．

［27］宋爽，王学清．基于比赛效能的青少年篮球运动员专项智力培养初探［J］．当代体育科技，2020，10（6）．

［28］毛海涛．微课在篮球战术教学中的应用［J］．当代体育科技，2018，8（21）．

［29］张伟．论篮球运动智能训练的必要性和发展路径［J］．长春教育

学院学报，2011，27（3）.

［30］金彬彬，陈清. 高校篮球运动员专项体能特征分析研究［J］. 体育科技文献通报，2020，28（4）.

［31］张伟刚. 青少年篮球体能训练的方法刍议［J］. 当代体育科技，2019，9（4）.

［32］章艳. 青少年篮球专项体能训练方法的研究［J］. 当代体育科技，2019，9（19）.

［33］曲文彬，冯志源. 青少年篮球训练中的战术意识培养与心理状态训练研究［J］. 青少年体育，2019（7）.

［34］张哲华. 高中篮球教学方法的组合应用［D］. 大连：辽宁师范大学，2017.

［35］张德旺. 浙江省金华市高中生篮球课程学习行为研究［D］. 北京：北京体育大学，2014.

［36］张承. 山东省高中男子篮球运动员体能训练特征及指标体系的研究［D］. 日照：山东体育学院，2018.